美国陆军野战炮兵旅
作战运用研究

主　编　库宗波
副主编　张宝玲　杨宇庆
参　编　江　伟　徐梦婕　伍　晨
主　审　尤新生　陈立勇

国防工业出版社

·北京·

内 容 简 介

在美国"大国竞争"的战略背景下，美国陆军聚焦大规模作战行动的特点和需求，不断推进改革转型，其炮兵的编制体制也发生了一系列变化。基于美国陆军野战炮兵旅的最新理论出版物，美国新版国家安全、国防和军事战略出台前后的最新军事理论与作战指导，"多域作战"概念、大规模地面作战行动框架下的理论研讨与演训实践成果，本书的出版首次研究了美国陆军火力运用情况，野战炮兵旅的编制体制、目标工作、任务与指控程序、作战流程、火力运用和维持行动，探讨在大规模作战行动中，美国陆军师以上部队的火力运用理论、兵力编组设想等。

本书适合相关兵种部队、院校和研究机构，其他外军研究人员以及对美国陆军野战炮兵作战运用感兴趣的读者参考。

图书在版编目（CIP）数据

美国陆军野战炮兵旅作战运用研究 / 库宗波主编．
北京：国防工业出版社，2025.6． -- ISBN 978-7-118-13764-4

I. E712.51

中国国家版本馆 CIP 数据核字第 2025AW5187 号

※

国防工业出版社出版发行
（北京市海淀区紫竹院南路23号　邮政编码100048）
三河市天利华印刷装订有限公司印刷
新华书店经售

*

开本 710×1000　1/16　印张 12½　字数 282 千字
2025 年 6 月第 1 版第 1 次印刷　印数 1—1500 册　定价 98.00 元

（本书如有印装错误，我社负责调换）

国防书店：(010) 88540777　　书店传真：(010) 88540776
发行业务：(010) 88540717　　发行传真：(010) 88540762

前　言

美国野战炮兵是其陆军的重要组成兵种，是作战中火力支援的核心力量，被称为"战争之王"。在美国"大国竞争"的战略背景下，美国陆军聚焦大规模作战行动的特点和需求，不断推进改革转型，其炮兵的编制体制也发生了一系列变化。野战炮兵旅作为美国陆军重要的火力建制单位，也经历了多次发展与变迁。当前，野战炮兵旅在任务使命、编制体制、作战体系等方面都发展得更为成熟，为美军炮兵核心能力的重塑带来了强力支撑。

冷战结束之后，美国空军各型武器弹药迅速发展，精确制导炮弹应用于作战，空中火力已然代替了地面炮兵火力。可以说，在21世纪初很长一段时间内，美国陆军一直不太看重炮兵这一兵种：美国陆军于2002年撤编了各师的炮兵旅，将所有炮兵营分散配属给各装甲旅和步兵旅；2003年将师属炮兵旅的炮兵营编入了旅战斗队。但从2004年起，美国陆军成立了新型炮兵旅级建制单位——模块化火力旅，取代了传统的军炮兵、师炮兵和野战炮兵旅。火力旅是模块化单位，具有很强的灵活性，既能以旅为建制集中使用，也能从旅建制中抽调部分模块支援其他部队，满足了不同规模和强度的火力支援需求。

在缺乏军、师炮兵司令部的情况下，火力旅更多地要担负起对建制内、配属或加强炮兵单位的训练等任务，但受规模力量、部署位置等因素影响，难以达成预期的任务效果。在阿富汗和伊拉克战场上，火力旅的反应能力和支援效果难以令美国陆军领导满意。2011年，美国从伊拉克撤军后，采取了各种措施与方法来恢复野战炮兵旅，野战炮兵也重新设计调整火力支援系统理念。2012年，美国陆军火力卓越中心提出调整火力旅的方案，加强战役级火力指挥与协调，优化炮兵部队结构。2014年，该方案正式实施，野战炮兵旅重新取代火力旅，担负军的火力司令部，承担更加多样的火力支援和协调任务。随着美国国家安全战略的变化，美国军事重心从反恐行动转为与大国之间的竞争。美军认为其作战任务、作战方向和对手均发生了变化，亟需推进作战概念和相关条令学说更新、编制体制优化、新式武器装备研发等事宜。

2022年3月，美国陆军发布了陆军技术出版物ATP 3-09.24《野战炮兵旅》（ATP 3-09.24 The Field Artillery Brigade）。该条令是介绍美国陆军野战炮兵旅最新理论的出版物，贯彻了美国新版国家安全、国防和军事战略出台前后的最新军事理论与作战指导，融入了"多域作战"的概念、大规模地面作战行动框架下的理论研讨与演训实践成果。基于该条令，我们对美国陆军火力运用情况、野战炮兵旅的组织结构、作战运用，美军炮兵作战理论和编制体制的演变等进行了分析、整理、提炼，写成本书。

本书除重点介绍野战炮兵旅的编制体制、目标工作、任务与指控程序、作战流程、火力运用和维持保障行动外，也介绍了美国"大国竞争"战略背景下陆军师以上部队的火力运用理论、兵力编组设想等。希望本书的出版有助于相关兵种部队、院校和研究机构，以及其他外军研究人员了解美国陆军野战炮兵旅作战运用的基本情况，能够为研究美国陆军野战炮兵应用理论的现状和发展提供参考资料。

尽管团队在编写过程中付出良多，但受限于水平、时间和资料来源，仍难免有不当之处，恳请广大读者批评指正。

编者

2024年11月于南京

目　录

第1章　美国陆军火力运用概则 ········· 1
1.1　地面部队概况 ················ 1
 1.1.1　地面部队编成 ··········· 1
 1.1.2　陆军旅 ················ 2
 1.1.3　海军陆战队 ············ 3
1.2　地面部队火力运用 ············ 4
 1.2.1　火力作战职能 ··········· 5
 1.2.2　作战环境 ·············· 5
 1.2.3　统一地面行动中的火力 ··· 9
1.3　地面部队火力作战流程 ········ 15
 1.3.1　火力的计划整合 ········ 15
 1.3.2　火力准备 ·············· 19
 1.3.3　火力评估 ·············· 20

第2章　野战炮兵旅组织结构 ········· 22
2.1　编制体制 ···················· 22
 2.1.1　目标侦察排 ············ 22
 2.1.2　网络保障连 ············ 24
 2.1.3　旅支援营 ·············· 24
 2.1.4　多管火箭炮营/"海马斯"火箭炮营 ···· 25
2.2　指挥组 ······················ 26
 2.2.1　指挥官 ················ 26
 2.2.2　执行官 ················ 27
 2.2.3　军士长 ················ 28

2.3 参谋人员 ·· 28
2.3.1 侍从参谋 ·· 29
2.3.2 协调参谋 ·· 30
2.3.3 特业参谋 ·· 31

第3章 野战炮兵旅目标工作 ·· 34
3.1 目标工作 ·· 34
3.1.1 信息收集 ·· 34
3.1.2 目标捕获 ·· 34
3.2 联合部队 ·· 37
3.2.1 陆军目标工作 ·· 38
3.2.2 联合目标工作 ·· 40
3.2.3 整合陆军目标工作与联合目标工作 ·················· 41
3.3 野战炮兵旅 ·· 43
3.3.1 作战框架 ·· 43
3.3.2 作战职能 ·· 45
3.3.3 作战计划 ·· 45
3.3.4 同步战斗日程 ·· 45

第4章 野战炮兵旅任务、指挥与控制 ································ 50
4.1 野战炮兵旅任务 ·· 50
4.1.1 担任部队野战炮兵指挥部 ···································· 51
4.1.2 承担加强任务 ·· 53
4.1.3 担负反火力指挥部 ·· 53
4.2 指挥所 ·· 55
4.2.1 编组情况 ·· 55
4.2.2 基本指挥所 ·· 56
4.2.3 配置基本指挥所 ·· 58
4.2.4 战术指挥所 ·· 58
4.2.5 早期进入指挥所 ·· 59
4.3 指挥所职能要素 ·· 59
4.3.1 旅部和旅部连 ·· 59

4.3.2　情报小组 ·· 60
　　4.3.3　作战与反火力要素 ·· 61

第5章　野战炮兵旅作战流程 ·· 69
5.1　任务命令 ·· 69
5.2　作战流程 ·· 70
　　5.2.1　作战筹划 ·· 70
　　5.2.2　作战准备 ·· 73
　　5.2.3　作战实施 ·· 78
　　5.2.4　作战评估 ·· 79
5.3　火力核准 ·· 79
5.4　空域控制 ·· 80
5.5　对敌防空压制 ·· 81
　　5.5.1　对敌防空压制要求 ·· 81
　　5.5.2　启用对敌防空压制流程 ······································ 81
　　5.5.3　对敌防空压制的计划与实施 ······························ 82
　　5.5.4　联合对敌防空压制 ·· 82

第6章　野战炮兵旅火力运用 ·· 84
6.1　作战环境的界定 ·· 84
　　6.1.1　作战变量 ·· 84
　　6.1.2　任务变量 ·· 84
　　6.1.3　威胁力量与危险因素 ·· 85
　　6.1.4　武装冲突阈值下的竞争 ······································ 85
　　6.1.5　统一地面作战 ·· 86
　　6.1.6　联合作战 ·· 86
　　6.1.7　多国行动 ·· 86
　　6.1.8　指定、加强和保障主攻部队 ······························ 87
6.2　火力打击和反火力 ·· 87
　　6.2.1　火力打击 ·· 88
　　6.2.2　反火力 ·· 88
6.3　支援军作战 ·· 89

- 6.3.1 支援防御作战 ········· 89
- 6.3.2 支援进攻作战 ········· 91
- 6.4 扩张战果 ········· 94

第7章 野战炮兵旅维持行动 ········· 95
- 7.1 保障参谋部门 ········· 95
  - 7.1.1 后勤科 ········· 95
  - 7.1.2 人事科 ········· 96
  - 7.1.3 牧师组 ········· 96
  - 7.1.4 旅卫勤人员 ········· 96
- 7.2 旅支援营 ········· 97
  - 7.2.1 组织编成 ········· 97
  - 7.2.2 营长 ········· 98
  - 7.2.3 保障行动军官 ········· 98
  - 7.2.4 作战合同保障 ········· 99
- 7.3 维持保障职能 ········· 99
  - 7.3.1 物资保障 ········· 100
  - 7.3.2 维护保养 ········· 103
  - 7.3.3 战地勤务 ········· 105
  - 7.3.4 人力资源保障 ········· 106
  - 7.3.5 其他保障 ········· 107
- 7.4 保障地域 ········· 108
  - 7.4.1 位置 ········· 109
  - 7.4.2 警戒 ········· 109
  - 7.4.3 补给路线 ········· 109

第8章 师以上部队炮兵火力运用 ········· 111
- 8.1 战区火力司令部与多域特遣部队 ········· 111
  - 8.1.1 战区火力司令部 ········· 111
  - 8.1.2 多域特遣部队 ········· 113
- 8.2 军炮兵火力运用 ········· 121
  - 8.2.1 战役火力司令部 ········· 121

8.2.2 海湾战争中的第七军炮兵 ……………………………………… 123
 8.3 师炮兵火力支援 …………………………………………………… 129
  8.3.1 野战炮兵火力支援的原则 …………………………………… 129
  8.3.2 军事决策过程中的火力支援筹划工作 ……………………… 131
  8.3.3 火力支援准备 ………………………………………………… 144
  8.3.4 火力支援评估 ………………………………………………… 149
 8.4 大规模作战行动中的野战炮兵作战编组 ………………………… 150
  8.4.1 编成等级 ……………………………………………………… 151
  8.4.2 案例分析 ……………………………………………………… 156

附录 ……………………………………………………………………………… 161
 附录A 跨域火力 …………………………………………………………… 161
  A.1 地对地火力 …………………………………………………… 161
  A.2 空对地火力 …………………………………………………… 163
  A.3 地对空火力 …………………………………………………… 165
  A.4 网络空间作战和电子战 ……………………………………… 168
  A.5 信息作战 ……………………………………………………… 168
 附录B 野战炮兵支援关系 ………………………………………………… 169
  B.1 野战炮兵支援关系 …………………………………………… 169
  B.2 野战炮兵支援计划示例 ……………………………………… 172
 附录C 野战炮兵旅 ………………………………………………………… 175
  C.1 第17野战炮兵旅 ……………………………………………… 176
  C.2 第18野战炮兵旅 ……………………………………………… 177
  C.3 第41野战炮兵旅 ……………………………………………… 177
  C.4 第75野战炮兵旅 ……………………………………………… 178
  C.5 第210野战炮兵旅 ……………………………………………… 179
 附录D 词汇表 ……………………………………………………………… 179
  D.1 缩略语 ………………………………………………………… 179
  D.2 术语 …………………………………………………………… 183

参考文献 ………………………………………………………………………… 189

第1章　美国陆军火力运用概则

大规模作战行动的胜利依赖火力的有效运用。火力的成功运用需要在全域范围内整合和同步所有火力要素，并与其他作战职能单位共同发挥作用。美国陆军作为联合部队的组成部分，其火力运用在大规模作战中具有举足轻重的作用。本章阐述了美国地面部队组成、陆军的火力运用等内容。

1.1　地面部队概况

《美国法典》明确美国陆军是美军地面部队的主要组成力量，海军陆战队是海军地面作战的主要力量。

1.1.1　地面部队编成

根据美国国会预算办公室发布的《美国军事力量结构》（2021年），美国陆军和海军陆战队由不同层级部队（单位）组成，各层级部队由授予一定军衔的军官或军士指挥。本书自下而上对各层级编制人数及指挥官衔级进行说明。

（1）班。班编有4~12名成员，班长为军士。班还可以扩编为队或分排。

（2）连。连级单位由连长指挥，设2~5个排（通常为3个或4个），下辖60~200名成员。骑兵（空中力量或地面力量）连（仅限陆军），使用troop一词；炮兵连和防空反导连使用battery一词。

（3）营/中队。通常由中校级军官担任营长，营（骑兵部队营级单位为squadron，即中队）设有3~5个作战连和1个保障连，下辖400~1000名人员。

（4）旅战斗队、支援旅（团、大队）。陆军各旅可作为旅战斗队或保障支援旅来配置，其指挥官为上校级军官。通常而言，一支旅战斗队下辖4000～7000名人员，人员的多少取决于旅战斗队的类别。出于历史传统，陆军骑兵旅番号中保留了"团"的旧名，实为旅级单位。与上述单位规模相当的海军陆战队称为团，部分保障支援旅称为大队。陆战队远征旅指的是团级特遣部队，规模往往超过陆军旅战斗队。

（5）师。陆军的师由2～5个旅战斗队（通常为4个）组成，包括航空兵旅、炮兵旅、工兵旅和后勤保障旅，其指挥官由少将担任，下辖12000～16000名人员。海军陆战队师设有3个团和若干支援部队，下辖6600名人员，也由少将担任指挥官。

（6）军。军设有2～5个师和多个保障支援旅，指挥官为中将军官，下辖4万～6万人。陆战队远征军是军级编成，其指挥官也是中将军官。

（7）集团军。集团军是战区范围内层级最高的野战部队建制单位，设有多个支援旅和支援司令部，下辖10万～30万人。集团军司令部平时担负本战区陆军机关职责，战时兼任本战区联合部队的地面组成部队司令部，其指挥官为上将或中将军官。

1.1.2 陆军旅

1. 旅战斗队

旅战斗队是美国陆军基本的合成兵种部队，下辖4000名士兵，具有独立、自给自足的特点，是标准的战术部队。当前，美国陆军设有58个旅战斗队，其中31个为常规军部队，27个是陆军国民警卫队部队。美国陆军现有3种类型旅战斗队，分别为步兵旅战斗队、装甲旅战斗队和斯特赖克旅战斗队。

步兵旅战斗队设有3个步兵营、1个侦察与监视骑兵中队、1个野战炮兵营、1个旅工兵营和1个后勤保障营组成，可机降也可实施空袭。当前，美国陆军设有13个现役步兵旅战斗队、20个国民警卫队步兵旅战斗队。

装甲旅战斗队设有3个装步营（机步营）、1个侦察骑兵中队、1个野战炮兵营、1个后勤保障营和1个旅工兵营。当前，美国陆军设有11个现役装甲旅战斗队、5个国民警卫队装甲旅战斗队。

斯特赖克旅战斗队配备了八轮驱动的斯特赖克装甲车，由3个步兵营、

1个负责侦察与目标截获的骑兵中队、1个野战炮兵营、1个旅支援营、1个旅工兵营、1个军事情报连、1个工兵连、1个通信连、1个反坦克连和1个指挥部直属连组成。当前，美国陆军设有7个现役斯特赖克旅战斗队、2个国民警卫队斯特赖克旅战斗队。

2. 职能保障旅

当职能保障旅处于联合部队陆军现役部队中的司令部、军、师或战区级别之下则将它编入作战部队。此类旅分为防空旅、炮兵旅、工兵旅、宪兵旅、网络旅、通信旅、爆炸物处理旅、卫勤保障旅和航空兵旅。部署之后，各旅实施战役级或战区级保障。

3. 多职能保障旅

多职能保障旅与职能保障旅类似，也编入作战部队。不同之处在于，多职能保障旅专门保障各旅战斗队。此类旅分为5种类型：作战航空兵旅、作战保障旅、维持保障旅、火力与战场监视旅和战术级任务与保障旅。

4. 安全部队援助旅

安全部队援助旅在各层级实施安全部队援助行动。当前陆军设有6个区域类安全部队援助旅——5个属于现役部队，1个属于陆军国民警卫队。

5. 多域特遣部队

多域特遣部队是旅级规模部队，能够在全域范围内针对对手反介入/区域拒止网络，统筹精确打击效果和精确火力。美国陆军目前已经建设了2支多域特遣部队，第一支在2018年成立于美国刘易斯-麦科德联合基地（Joint Base Lewis-McChord），重点部署在印太地区；第二支在2021年9月成立于美国威斯巴登美军基地（U. S. Army Garrison Wiesbaden），重点放在欧洲。陆军计划再成立3支多域特遣部队，一支部署在印太地区，一支部署在北极地区，一支用于全球快速响应。

1.1.3 海军陆战队

海军陆战队是混编现役部队，可进行地面与空中作战。海军陆战队将其部队编组为不同的特遣部队，每一支特遣部队都设有司令部、地面作战单位、航空兵作战单位与后勤作业单位。在海军陆战队中，最大的特遣部队是海上远征军，包括1个地面作战师、1个空军联队和1个保障大队。现役海军陆战队设有3支海上远征军，下设3个师、3个空军联队和3个后勤大队。预备役海军陆战队设有1个师、1个空军联队和1个保障大队。由于各海上远征军、师、空军联队和保障大队并非标准部队，因此其规模和组成各不相同。

1. 海军陆战队作战部队的编组

海上空-地特遣部队由司令部、地面战斗单位、空中战斗单位和后勤保障单位组成，是海军陆战队在军事行动范畴内进行遂行任务的主要组织结构。海上空-地特遣部队分为3类：海上远征军、海上远征旅和海上远征分队。

在较大规模作战中，海上远征军是主要作战部队，指挥官为中将军衔，下辖4.6万~9万名海军陆战队官兵。当前美国海军有3支海上远征军，分别驻扎在美国加利福尼亚州、北卡罗来纳州和日本。远征军由1个海军陆战师、若干海军飞机联队和1个海军保障大队组成，可在无需续航情况下遂行60天的作战任务。

海上远征旅针对具体任务进行任务编组，下辖4000~16000名海军陆战队官兵。旅长为准将军衔，其火力和航空兵资产与日俱增，由1个团级规模的地面战斗分队、1个飞机大队和1个战斗保障团组成，可在无需续航情况下遂行30天的作战任务。

海上远征部队靠前部署在海军舰艇上，是接触危机的首支部队。该部队下辖2200名海军陆战队官兵，由中校级军官担任指挥官。海上远征部队由1个营登陆队、1个复合直升机中队和1个战斗后勤营组成，可在无需续航情况下遂行15天的作战任务。

2. 海上部队

鉴于准均势国家会在海上军争环境中参与争夺制海权或制空权，建立陆战队濒海作战团可实现在此环境作战并生存下来的目标。该团由3支主要分队组成：1个海滨战斗队、1个海滨对空营和1个战斗保障营，下辖1800~2000名海军陆战队官兵，可用于控制局部空域、"咽喉点"或水路。

1.2 地面部队火力运用

本节内容包括火力作战职能的含义，在统一地面行动中火力的运用情况，主要关注与达成指挥官预期目标相关的火力任务，以及火力作战职能所需的关键能力框架。

1.2.1 火力作战职能

作战职能是根据指挥官的作战任务和训练目的，集合而成的一组任务和系统。作战职能是战术指挥官用来执行并完成上级①指派任务的具体手段，规范参与战争的所有层级及级别的指挥官和参谋人员具体任务与作用。指挥官将这些能力与其他作战职能整合并同步，以实现目标和完成任务。

火力作战职能是在军事行动的所有领域内，采取行动抵制威胁，达成并集中作战效果的相关任务和系统。这些任务和系统通过陆军、联合部队以及其他联合行动伙伴运用火力，造成杀伤性和非杀伤性效果。发扬火力的能力同样也会促进产生其他作战职能，比如陆航部队可能会通过执行任务，形成运动和机动、火力、情报、保障、防护和指挥与控制等职能。此外，防空炮兵部队还开展防空反导行动，履行支援火力及防护作战职能。

指挥官必须结合战斗力的其他组成要素，整合火力并加以实施，从而达成相应的作战效果，在集中这些效果的基础上实现预想军事最终态势。火力任务是指采取必要行动，以在所有领域达成和集中效果，实现指挥官的目的。火力作战职能的任务是整合所有形式的陆军火力、联合部队火力和多国火力，开展目标工作、火力支援、空域计划和管理、电磁频谱管理、演练以及防空反导计划与整合等。

在全域以及信息环境中通过火力打击活动整合下列火力：地对地火力、空对地火力、地对空火力、网络空间作战和电子战、太空作战、多国火力、特种作战、信息作战。

1.2.2 作战环境

所有级别的指挥官必须认识到作战环境处于动态变化中，以应对挑战、迎接机遇、达成目的。作战环境是综合性说法，包括影响能力运用和指挥官决策的各种条件、环境和影响力等因素。火力作战职能的任务是为指挥官提

---

① "上级"如无明确说明，则泛指职务和层级高于本人和本级的人员、司令部、部门等。

供基本能力，其可以用来影响作战环境，跨域形成相对优势，并对此优势加以利用。

在武装冲突阈值之下的行动中，美国也会遇到对手。对手是己方认为有潜在敌意，并设想其会对己方使用武力的一方。指挥官在作战行动中通过火力行动塑造作战环境，从而促进地区稳定或为消除冲突创设条件。作战环境还可预防冲突，通过运用火力改变对手风险预期，提升其威胁美军利益的后续行动成本，从而慑止对手制造冲突的行动。例如，将"爱国者"导弹连配置到前沿，通过远程火力达到作战效果，可以削弱对手作战能力，向敌方展示支援任何同盟或己方的能力。

此种作战期间运用火力来构建环境和防止冲突的机构，一般处于较高的层级，从而可以有效对冲突的情况进行管理。虽然指挥官主要运用非杀伤性资产，但是对杀伤性资产的有效配置可以塑造信息环境，完成战略目标。在这些情况下运用火力时必须考虑其他作战职能以及外交、信息、军事和经济等环境因素。

如果未能有效预防冲突，那么作战环境会演变至冲突状态，美军则与敌人（敌人是确认为敌对并获准对其使用武力的一方）处于对峙局面。在冲突阶段，指挥官继续运用火力塑造作战环境，防止冲突进一步恶化，并支援大规模作战行动以及扩张战果。运用火力的机构层级应尽可能低，这样可以及时投射、快速予以反应火力。然而，对于机构的授权要与资产产生的打击效果平衡。诸如网络空间进攻作战等这类特定资产的运用必须在较高层级进行，原因在其战役或战略本质。冲突阶段作战行动的最终目的是使作战环境发生回转，让美军及盟友处于相对优势地位。

均势敌人是能够有效压制美军部队，并在特定区域处于优势地位的对手或敌人。这些敌人可能会在接近美军部队的冲突地域上，具有同等或较强的战斗力。均势敌人可能也会对特定地区有文化亲和力，在时间、空间和庇护地区方面创造相对优势。

均势敌人在作战环境中综合运用多领域的各种资源，产生杀伤性和非杀伤性效果。他们迟滞美军兵力运用，并在短期内破坏多域环境，从而达成其预期目的。均势敌人运用多种手段使美军力量陷于被动，具体包括下列五种手段：信息战、阻断、隔绝、建立庇护地区和系统战。

第1章　美国陆军火力运用概则

均势敌人会在竞争和冲突阶段运用信息战，在信息环境中取得优势，达成预期目的。信息战是一个广义的概念，包括网络空间行动、感知管理、欺骗行动、电子战、物理破坏和行动安全等。对手和敌人将杀伤性和非杀伤性火力融入其信息战行动。敌方会结合所有这些行动以及其他打击效果，对己方部队造成压制的态势，并在信息环境中创造相对优势的地位。在竞争阶段，己方部队必须准备通过信息行动进行火力打击，应对作战对手的信息战。塑造环境和防止冲突的军事信息行动必须整合至战略层面的政府应对方案中，并且己方部队需要完善敌方目标情报，在竞争阶段升级至冲突阶段时，针对目标制订计划实现更大范围的打击效果。

敌方提前采取行动，阻止情况发生变化。均势敌人能够阻止己方部队塑造战场环境、集结兵力以及维持战斗力。敌方实现阻止目的的典型途径是实施反介入/区域拒止。敌人运用从传感器到射击器的网络来实现防空系统和火力指挥系统的一体化。均势敌人发挥远程射击能力实施反介入行动，制止己方进入作战地域。敌人通过近程射击等能力实施区域拒止行动，从而限制己方部队行动自由，使得己方部队在作战地域内的任务严重受限或难以完成。而己方联合部队可通过火力，限制敌方发挥反介入/区域拒止的能力，在作战地域内形成有效战斗力，并实现行动自由。

均势敌人会通过政治、法律以及物理边界为部队创设庇护地区，保护其不受己方部队指挥官行动的干扰。庇护地区使得己方部队在运用杀伤性火力，打击敌关键资产时有一定的挑战，同时也给网络空间和信息环境下达成非杀伤性效果带来困难。指挥官必须采取相应的措施，要么扩展作战地域至庇护地区，迫敌撤退，要么减轻庇护地区内系统的风险。

与己方部队一样，均势敌人综合观察整个战场环境；观察自身战斗力以及对方战斗力构成，将结果作为系统的情报收集来源。该系统包含子系统和组件，具备复杂性、动态性和综合性的特点。他们通过系统战识别和隔绝己方部队的关键子系统和组件，这些子系统和组件对其完成任务至关重要。由于均势敌人的综合火力系统和防空系统有打击己方系统的能力，因此，指挥官需要防护己方部队的系统，识别敌方可能会加以攻击的潜在弱点。指挥官还必须分析对手和敌人的系统，识别关键弱点，并运用资源加以攻击。

陆军在所有领域，包括陆地、空中、海洋、太空和网络空间（包括电磁频谱）以及信息环境内，开展作战行动。本书所指作战域，均包含信息环境，指挥官及其部队在作战中实现打击效果，要么需要信息环境的单独支撑，要么与其他领域的效果联合。

指挥官运用火力支援陆军和联合作战行动，跨域火力在某个特定领域展开，对另一个领域产生效果。跨域火力为指挥官寻求最佳系统产生预期效果带来了灵活性，并使行动计划留有一定的空间。与单一领域火力相比，跨域火力也给作战对手或敌人带来了更大的挑战。

多域火力是在两个以上领域，集中目标打击效果的火力。与单独的打击效果叠加相比，多域火力则会带来更多的协同效果。地面火力与其他领域火力打击效果结合，可以使敌方陷入两难境地，削弱敌方有效反应的能力。例如，指挥官开展进攻性网络空间行动，攻击敌方防空网络，同时运用地对地火力摧毁其防空雷达，空对地火力瘫痪其指挥和控制节点，这样就能集中打击效果，减小同盟作战飞机被击落的风险。

指挥官和参谋人员必须积极参与，促成不同领域火力间的协同打击效果。跨域协同打击可能会带来意想不到的作用，并实现预期效果。指挥官或其代表人，在执行作战任务时必须以尊重生命为前提，遵从战争法、军事必要性原则、人道主义原则、差异化原则、最小化原则及考虑个人荣誉等，在授权打击以及决定是否针对目标时也是如此。

陆上领域是终止于地球表面高水位线且与沿海地区向陆部分的海洋领域相重叠的地球表面区域。联合部队地面组成部队指挥官负责支援地面作战地域，由联合部队指挥官指派，有权决定优先目标、效果及火力打击时机，从而可以有效整合和同步机动、火力与遮断行动。陆军指挥官可以通过火箭炮、导弹、身管火炮和迫击炮等实施陆上作战行动。

空中领域是从地球表面一直延伸到无法影响军事行动的大气层的高度区域。联合部队指挥官通常会指派空中组成部队指挥官负责指挥部队，进行有效计划、开展和控制联合空中作战。此外由于所有空中组成部队指挥官都需要在一定程度上利用空中领域，因此联合部队指挥官会授权空域管制，可以采取空域协调措施减少不必要的冲突。发挥空中打击能力，指挥部队作战来支援联合部队或被支援部队，需要空域优先权，从而可以在其他领域有效开展作战行动。陆军指挥官可能会运用旋翼飞机或固定翼飞机来达成空中领域打击效果，将地对地和地对空火力在空中领域与其他作战行动相整合，辅以必要的空域协调措施。陆军空地系统能够同步、协调和整合空地行动、联合空中支援。

海上领域指大洋、大海、海湾、江口、岛屿、海岸区域及其上方空域，包括沿海地区。海军和海上部队在海面（陆地）、海面以下（地下）及海洋上方（空中）执行任务。海上领域的火力支援陆地火力方案为借助传统的海军火力以及包括巡洋舰导弹和反舰导弹在内的联合火力，保护全球海运航线以及己方部队可实现机动自由的海洋资产。

太空领域包括太空环境、太空资产以及需要通过太空环境进行作战的地球资源。太空是执行军事行动的物理领域。具体的太空作战能力除包括信息收集、环境监测、预先警告之外，还包括卫星传感器和通信系统的定位、导航和授时等能力。敌方通常会拒止、削弱和干扰己方部队运用这些能力。为了让指挥官随时能有效运用火力，己方部队需时刻准备在无法运用太空作战能力的情况下应对敌方威胁。由于均势敌人越来越依赖太空作战能力，因此对其太空作战能力进行打击，可能会有助于己方部队开展行动。

在信息环境下，网络空间具有全球性特点，由信息技术设施网络和用户数据组成，包括互联网、通信网、电脑系统及内置处理器和控制器。网络空间包括所有己方和作战对手的网络，计算机、手机网络等在内的社会媒介等。指挥官不仅可以通过进攻性和防御性网络空间作战达成预期效果，还可以打击网络空间的物理网络平台。例如，他们可以运用地对地火力攻击敌方关键网络空间系统。

1.2.3 统一地面行动中的火力

在陆军作战概念中，统一地面行动是由联合部队的各组成部队实施的作战行动。统一地面行动作为统一行动的一部分，包含进攻作战、防御作战、稳定行动和对民事当局的防务支援等，在全域范围内塑造战场环境、防止冲突，在大规模地面作战中夺取主动权以及扩张战果。统一地面行动的目的是通过运用地面力量实现联合部队指挥官的预期态势。指挥官运用火力为战斗力其他要素发挥作用创设条件，有效统一地面行动。目标工作程序有助于指挥官和参谋人员对资产进行排序和整合，从而在统一地面行动中达成指挥官的意图。

陆军的基本任务和使命是组织、训练和装备部队，执行快速和持续的地面任务，击溃敌地面力量，夺取、占领并防守地域。在统一地面行动期间，陆军通过以下四种战略任务来支援联合部队：塑造战场环境、防止冲突、在大规模地面作战中夺取主动权和扩张战果。

1. 造势行动中的火力支援

陆军开展的造势行动包括长期军事接触、安全合作、执行威慑任务与行动，保障盟友关系、巩固己方能力以及促进地区稳定。造势行动通常被用来支援地理作战指挥官的作战计划或战区安全合作计划。造势行动可以帮助指挥官抵御敌方进攻，确保国家或地区的稳定，保护美方利益。

造势行动通常开始于常驻地，通过训练与制订应急计划来保持战备状态。陆军机构和人员配置于前沿以支援造势行动。造势行动为稳定国家或地区安全以及威慑潜在对手的侵占或攻击行为创造了条件。在行动期间，指挥官运用火力抵制对手各种作战企图，同时采取措施获得优势地位，参与地区安全合作行动和安全部队援助、重要领导交往以及训练、为外国部队提供顾问和装备。

陆军部队开展联合兵种演习，并与联合和跨国部队进行互操作性训练，诸如建立整合射击控制网络。互操作性训练对于寻求合适的整合火力技术方案尤为必要。除了进行军事交流和联络项目外，陆军人员和院校可以在常驻地或国外训练外国学生，促进多国间互操作性，提升己方能力。

安全合作指美国国防部与外国军事防务组织之间的相互合作，旨在建立能够促进美国特殊安全利益的防卫关系，提升盟国和己方进行自卫和多国联合作战的军事能力，并允许美军进驻东道国，无论是否发生突发事件。指挥官运用火力支援安全合作，通过提供技术和战术协助，在组织、训练、教育和其他职能方面援助盟国和安全部队。其派遣安全部队协助外国部队执行火力任务，比如指派火力支援人员加入安全部队援助旅。

美国陆军部队人员、关键领导人和技术专家可与双边和多边伙伴共同计划、协调和参与联合和多国军事演习。这些演习为实现作战职能的互操作性提供一定的反馈和建设性意见。彼此之间交流的信息数据有助于认识能力差距，帮助相关人员获取相应的经验，为联合（多国）部队整合火力提供技术和战术支持。所有层级的指挥官都需要参与军事演习。

美国陆军部队人员、联合部队人员和多国部队人员的非战争训练在常驻地展开，具体包括领导力培养、军事职业能力培养、新型装备培训和不同系统的专业训练，训练包含系统操作课程和火力任务实施程序课程。

造势行动部署前和部署后还需要进行装备操作训练，包括装备改进和升级以及新装备培训。训练团队、受训部队和安全部队援助旅需要确保己方部队通过训练后，在作战中能有效实施火力打击。

计划制订人员将传感器、射击器、弹药、指挥和控制系统及人员纳入运用火力的各级组织，完成从战略到战术层级的特定任务，具体包括协调部队力量进行特遣编组与应急计划制订。应急计划制订通常从常驻地开始，并根据实际紧急行动进行调整改进。应急计划的制订需要美军领导和部队人员与盟军（军事合作伙伴）协调，整合火力、防护、信息交流和情报共享等能力，这样不论是否发生突发事件都可向美军提供进驻东道国的权利。

在造势行动期间，目标工作主要关注查明目标和分配打击资产，这样可以在竞争阶段升级至冲突阶段时，根据作战计划或应急计划，有效击中目标。指挥官可以选择在竞争阶段，针对有权运用的非杀伤性火力资产开展目标工作，包括达成预期效果和相应的评估工作。

2. 慑止行动中的火力支援

慑止行动的目的是慑止敌方破坏美军符合利益的行动，主要用以应对对统一行动伙伴产生威胁的活动，并且在威慑失灵的情况下，配置和部署可靠兵力，向敌方宣示战斗意志。

各级别指挥官负责完善作战计划，应用基本的火力原则来防止冲突。在行动中应运用火力防护，守卫常驻地的人民、基础设施和己方部队。指挥官在作战过程中应整合非杀伤性能力，通过一系列目标工作达成效果，尤其是在信息环境下，达成威慑的目的。在战役和战略层面，军事行动需要与外交、信息和经济等方面所达成的效果同步。陆军部队在下列主要活动中运用火力来开展慑止行动：设置战区、定向配置兵力和投送兵力。

1）制订灵活的火力慑止和反应方案

制订灵活的慑止和反应方案的目的是通过塑造战场环境来防止冲突，以及保持威慑和攻击均势敌人的能力。均势敌人会运用传统、非传统以及其他策略来威胁美军安全和核心利益。支援部队可能会靠前配置,并与地理作战指挥官的应急计划保持协调一致,防护部队并抵御预期威胁。防空炮兵部队是威慑的主要力量,通过确保对己方和盟军部队的防护,来维持和平状态。前置防空炮兵,诸如"爱国者"营,可通过降低敌方对成功的预期形成威慑。

指挥官通过杀伤性和非杀伤性火力威胁敌方,使其难以在所有领域内自由行动,进而慑止其采取进攻性行动。例如,野战炮兵旅或师可通过远程间瞄火力资产提供弹性反应选择,打击敌关键资产。非杀伤性火力也可削弱敌方运用资产、采取进攻性行动的能力。

在行动期间,应不断调整,更新打击目标并完善至相关的联合目标数据库中。联合特遣部队或地面组成部队指挥官必须确保火力和情报人员训练有素,并能够将所获信息整合至目标工作中心,聚焦初级、中级、高级目标的查明工作,使之符合联合作战准则和参联会主席指令中相关的联合目标工作标准。目标工作司令部,在尤其是旅以上支援行动中,必须将非陆军火力支援资产整合至火力支援计划中,从而可以支援联合目标工作司令部的行动。

2) 设置战区中的火力支援

设置战区是为了能够快速实施军事行动,满足在危机或冲突阶段的作战计划要求,具体包括针对特定敌方威胁的维持行动、防空反导行动、工兵行动、情报收集以及通信活动等。

为保护部队资产不受空中和导弹袭击,指挥官应整合情报资产至战区级目标工作,综合运用火力达成效果,进行有效战区准备。持续的地面战区防空反导能力可以保护部队,指挥官及火力支援参谋人员应在当下和未来行动中不断完善目标。战役级别的纵深行动有助于在未来开展联合兵种演习。由于在进行相应作战行动时,部队可能会遭受全域攻击,尤其是在信息环境下,因此需要在作战过程中对其他领域进行有效防御。

3) 兵力配置

兵力配置是对兵力进行有效的选择和排序。陆军兵力组合是由陆军部以及下级司令部根据实际战区情况需求应运而生的。这些需求可能从属于安全合作计划或应急计划,以有效应对危机。参谋人员在对火力任务能力进行分析时,需要检验目标清单,与指挥官的指示以及预期目的进行比对,以便有效实施目标打击。此外，参谋人员还要与指挥官一起审查受保护资产清单，决定需要何种资产来抵制空中或导弹威胁。相关讨论需要涉及具体的火力能力要求。指挥官和参谋人员必须决定可能要求的能力。如前所述，指挥官可以优先运用该火力威慑与反应方案，确保可以形成威慑或应对挑衅。

在进行兵力配置时，战区陆军部队需要进行任务编组，推荐兵力排序以及相应的配置前训练。比如可以进行防御方面的战区特定训练，训练内容包括受保护资产清单、己方部队位置、敌方空中可接近路以及空中和导弹威胁类型，这样可以在兵力组合上进行类型和数量上的有效配置。护己御敌的兵力可能会被配置于第一梯队，需要他们能够进行有效威慑，防止冲突发生。还可以开展高级别联合目标查明训练，特别针对战役级司令部的人员，有效的训练能够让他们更好地开展联合目标工作。

在兵力配置中运用任务编组的目的可能和作战目的不同，其主要是通过部署、接收、集结、前送和整合来进行兵力管控。情况允许时，部队需要在早期整合前，与上级指挥部建立指挥和支援联系，这样有助于执行火力任务，并与通用标准作业程序保持一致。如果陆军完成了接收、集结、前送和整合阶段，并将作战控制权移交至联合部队指挥官，那么可以开展其他的任务编组工作。

4）兵力投送中的火力支援

陆军派遣现有部队和远征部队时需进行兵力投送。指挥官带领高素质的远征地面部队支援作战，威慑敌方，建立并保持其优势。地面部队包括现役和预备役部队，预备役部队可以对总体兵力部署提供加强支援。

指挥官通过压制敌方、干扰作战、摧毁或削弱敌方部队、防护己方关键资产等方式，促成作战行动达成预期效果。对火力资产与能力进行整合运用，有助于与其他兵种建立协同关系，保护兵力和关键资产。

3. 大规模作战行动中的火力支援

陆军在联合部队作战中开展大规模作战行动。大规模作战行动主要包括进攻和防御作战，有时还包括稳定行动。指挥官在行动中对火力的有效运用，确保实现美国陆军部队的行动自由。

指挥官开展陆军和联合目标工作，对目标进行选择和排序，融合杀伤性和非杀伤性效果，来支援大规模作战行动。指挥官可能会通过不同的系统自动或按序集中火力效果，其程度远比单独射击的效果要好，影响要深。火力的集中是将多领域的射击效果集合在一起，并对某一个领域产生影响。集中射击可以压制敌人，使敌方难以应对战场情况，为联合部队发挥作用创造时机。火力的集中需要在实施火力打击前进行周详的同步工作，确保相互之间不会受到干扰或产生风险。

为了在大规模作战中实现行动自由，指挥官需要与联合部队其他行动相同步。这些活动通常从计划工作阶段开始，指挥官与参谋人员决定实施打击时机，并结合界限清晰、基于条件的触发因素。指挥官还需对打击效果进行评估，如果评估结果未达成预期计划，应决定其他可选行动方案。

由于在大规模作战中，相关领域可能用户众多，因此需要在计划阶段进行密切统筹，使战斗力发挥最大效能，减少整体风险。在具体地域，可能需要实际有效的管制措施，诸如机动控制措施、火力支援协调措施和控制协调措施等。在网络空间、电磁频谱和信息环境中，需要通过频谱管理和权限代理（权限保留）来实现上述各种措施。

不同层级的陆军部队在作战期间必须同步行动，减少冲突，达成预期效果。纵深和前沿地域火力的交替运用可以在作战地域清晰、有效地明确各方责任。前沿地域是大部分下级机动部队展开近距离作战，受指挥官管控的作战地域。纵深地域是指挥官为近距离作战获得成功打牢基础的作战地域。指挥官可能主要关注纵深地域造势行动的火力打击效果，会授权下级部队对前沿地域进行管控。指挥官授权下级部队某一个作战地域之前，需要考虑其实际能力，避免作战地域范围过大，难以有效发挥建制内资产或支援资产的打击效果。

4. 扩张战果行动中的火力支援

扩张战果行动涉及一系列活动，目的是延续短暂性胜利并为稳定环境创设条件，促进控制权有效移交至合法机构。扩张战果行动需要开展决定性行动，重点是警戒和稳定任务，可能包括对敌翼侧和防御部队残余力量的作战。这些通常紧跟大规模作战行动后展开，并在大规模作战行动结束后持续进行。警戒和稳定任务都需要指挥官运用火力进行支援，以达成扩张战果的目的。

扩张战果初期阶段，部队大部分力量用以：击败敌残余兵力，承担警戒任务（包括防护己方部队、设施、特定地域机动路径和线路）；运用杀伤性和非杀伤性火力实现行动自由，达成预期目的。具体运用方式视情而异。

针对敌方迂回行动，指挥官在警戒行动中运用火力防护己方力量，包括非常规兵力、装备、弹药库以及庇护地区等；开展目标工作和火力计划，支援警戒地域，比在大规模作战中的要求更为精细。为了达成杀伤性效果，减少相应的风险，需要深入查明目标，以及仔细筛选武器系统，从而在避免产生附带损伤的情况下，达成预期目的。

随着警戒行动在巩固地域展开，整个作战地域对稳定行动的关注也随之增加。六大稳定任务主要是建立民事安全、形成民事控制、恢复基本民事服务、支持政府治理、支持经济和基础设施建设以及实施安全合作。稳定任务可以塑造战场环境，为控制权合法移交创设前提，确保责任有效转接。指挥官和参谋人员运用科学的目标工作流程，决定形成何种打击效果以及用何种方式促成民事管控的顺利移交。这些工作通常在计划工作阶段就开始进行，指挥官决定理想的最终态势和预期目的，以及为达成状态和目的所需的具体打击效果。

1.3 地面部队火力作战流程

火力是作战流程的基本组成部分，与其他作战职能结合，共同发挥作用。作战流程是在作战行动期间实施的主要指挥与控制行动，包括制订作战行动计划、开展作战准备、展开实施与持续评估。指挥官和参谋人员通过诸如火力支援计划、空域计划与管理、电磁频谱管理、多国间整合以及防空反导计划与整合等计划工作活动，实施火力。指挥官通过演练进一步同步火力。

1.3.1 火力的计划整合

火力整合开始于任务分析阶段，其评估工作贯穿实施期间和实施完成后。所有级别的指挥官都要负责开展有效的火力整合工作。在军事决策过程中制订的火力方案及部分作战构想，详述了指挥官为了实现作战需求和目标，如何塑造战场环境。

火力支援的计划工作阐述了火力效果如何支援机动部队行动,是一系列、连续的流程,包括对火力的分析、分配、整合、同步及安排,该流程有助于机动部队指挥官同步机动火力支援,并运用火力支援资产达成预期目的。指挥官意图和作战构想一旦形成,就开始展开火力支援协调,并随着机动方案的变化持续完善火力支援协调措施。

火力计划整合一般自上而下进行。上级部队在计划整合时,需要预估下级部队对火力资产的需求,并根据下级部队司令部请求,尽可能为其分配火力资产。下级部队指挥官和参谋人员则尽量根据现有可用资产开展计划工作,而不依赖待申请的火力资产,以免出现不被批准的情况。上级部队指挥官还需要避免将火力任务分配至下级部队建制内、所配属或直接支援其行动的火力资产,从而可以确保下级部队指挥官计划时具有最大程度的灵活性。

每一级部队不仅需要考虑本级指挥官的相应需求,还要考虑其在实施上级计划时的职责。由于下级部队能够获得的战术方面信息更为全面,因此需要及时调整与上级计划相对应的内容,并予以实施,确保能够实现上级指挥官作战意图。例如对于目标位置,下级部队指挥官应基于对地形和障碍场运用的理解,及时将概略位置调整更新为精确位置。为了将火力与其他战斗力要素结合,计划制订人员必须创造宽松的环境,允许部队灵活运用其他分队的火力资产。在具体作战领域中,这项工作则通过管制措施明确责任来完成。管制措施是规范部队或作战职能的手段。责任的明确通常是通过指定作战地域来实现的。作战地域是指指挥官调遣的陆上和海上部队的某片作战区域,幅员应宽广到足以完成任务。作战地域内部队的职责包括地形管理、信息收集、机动控制、火力核准、安全警戒、人员救援、空域管制和最低限度的稳定行动。

由于指挥官负责在作战地域内达成预期效果,因此,指挥官为下级部队指定作战地域时,作战地域幅员不能超过其影响地域的范围。影响地域是指在指挥官指挥和控制下,通过机动或火力支援系统能够直接影响作战的地理区域。如果作战地域过大,就会出现作战盲区,敌方就可以不受干扰轻易进入,也会对上级指挥部的作战效果有所限制。

指定作战地域后,指挥官可以运用其他的管制措施来塑造战场环境,促进其有效运用火力资产。具体的管制措施可以是许可性或限制性的,通常包括机动管制措施、火力支援协调措施、空域管制措施和防空措施。

网络领域的火力实施效果,包括电磁频谱、太空领域和信息环境方面,均需要细致地计划与管理,避免重复工作,达不到预期效果。由于在这些领域开展作战行动,通常会在指挥官作战地域外产生效果,因此需要对使用权限严格限制。权限通常来自相关领域较高级别机构,比如战区或国家战略层面。指挥官必须平衡协调好下级指挥官达成预期效果所需权限与产生非预期效果所带来的潜在风险。

1. 空域计划与整合

空域计划贯穿整个作战流程(计划、准备、实施和作战评估),主要是满足空域用户的需求。空域管制持续于作战流程中,也是风险管理的组成部分。所有作战职能及指挥官所属参谋人员负责的联络工作对于空域使用和用户必不可缺。部队火力中心和空域协调分队对于有效的空地整合至关重要。

部队空域计划是一系列综合的空域管制措施,它支援陆军作战行动,并会被提交至空域管制机构,整合进后续空域管制行动中。部队空域计划从作战职能层面巩固空域管制成果,并在整个作战过程中不断被完善、更新。

从本质上说,所有指挥官均负有空域管理的内在责任,需要管制空域用户并协调空域使用。指定具体作战地域的指挥官负责对陆军部队进行空域管制,支援空域用户,并将部队空域计划呈交至上级指挥部。指挥官和参谋人员通常利用空对地系统来协调和整合陆军部队空域用户的行动,不论上级是否明确要求他们对空域进行管制。

满足特定标准的指挥官可能接到空域管制主体的委派,对特定空域实施空域管制,其中一个通用的标准为是否需要空中部队空中支援作战中心的支援,建立一个联合空地整合中心。空域分队开展的空域计划在快速反应火力的实施中尤为重要。联合空地一体化中心是实施火力和空域管制的关键节点。

整合空域使用与火力运用时,需要进行细致的协调工作。火力支援机构通常会采取火力协调措施。整合空域和联合火力与消除冲突通常在任务计划阶段进行,此时火力支援协调措施、空域管制措施以及其他协调措施均通过指挥、空域管制、防空反导和火力支援等途径得以发布。空域管制分队、指挥与控制节点针对空域和联合火力的具体情况,进行实时协调、整合与消除冲突工作，这对于查明目标情况尤为重要。

2. 整合多国火力

美军在参与多国行动时，指挥官必须同战斗力组成的其他要素一起，有效整合所有盟友和伙伴的火力能力。多国行动是描述两个及两个以上国家的部队共同执行行动的术语，通常在联盟或同盟的框架下进行。

联盟是两个或多个国家为统一行动而形成的关系，国家间通常基于特定的、有限的目的形成联盟。联盟行动是在建立的同盟范围之外的多国行动，通常基于共同利益开展合作。陆军部队可能在联合国决议框架内参与联盟行动。同盟是两个或多个国家为谋求成员国的共同利益就广泛而长远的目标通过正式协定而建立的关系。美军的军事联盟有北大西洋公约组织等，成员国之间签订了标准化的正式协定。

参与行动的联盟成员各自具备独特的火力打击能力，涉及众多重要考量事项，虽然增加了可选方案，但也带来了一定程度的限制与挑战。指挥官需了解多国火力能力及其他事项，才能运用多国火力资产，与美军火力资产保持一致，实现预期效果和既定目标。为达成预期效果，多国间火力的协调指挥能力，即综合人际互动、程序与技术上的互操作性等也发挥了重要作用。

人际互动主要解决基本的交互问题，来达成共同目标。跨国组织应设置计划，促进联络军官之间的交流，并在电子联络外，加强人与人之间的互动与交流。人际互动需要重点考虑以下事项：相应部队之间的联络和军官交流；根据任务编组进行力量整合，诸如联合空地综合中心；伙伴和盟军的语言技能与翻译人员使用情况；互换人员的交流。

程序互操作性是对多国资产进行相关的协调与同步的过程，目的是根据既定协议产生预期效果。计划制订人员必须了解不同国家及组织之间程序的差异，在运用多国资产时严格遵守协议。有关注意事项包括：对既定程序（由美国、北大西洋公约组织、五眼联盟设定的，或者来自其他协定的）达成共识；对交战规则达成共识；考虑共同的措施，包含机动控制措施、火力支援协调措施及空域管制措施；风险管理、附带损伤预估和战损评估等通用程序方法；集中和分散式指挥控制；联合目标工作流程的使用与查取；国家核准程序与东道国的职责；对多国火力计划与实施的整合；反火力程序、部队掩护（包括反无人机系统）、多国近距离空中支援的联合终端攻击控制员和联合火力观察机构。

技术互操作性包括建立系统交互界面，以便连接多个目标获取平台，指挥与控制多国部队产生预期效果。由于国与国之间的技术难题和攻克方式差异大，以及盟国之间共享信息量有限，技术互操作性通常难以实现。重要的注意事项：国家之间互操作性水平（消除冲突、兼容或整合），多国部队通用作战态势图、传感器-射击器连接（整合火力网络）、联合目标查明、一体化传感器管理、综合地形与空域管制、一体化防空反导能力及弹药互操作性。

上述注意事项都有待进一步论证、商议和演练，并在多国部队演习中得以完善。经常进行多国和双边演习可以积累经验，从而维持和促进合作与交流，改进并探索出一套通用方法，达成预期行动效果。

1.3.2 火力准备

火力准备工作包括部队和官兵开展的、能有效提升作战能力的相关活动，通常开始于计划阶段，为实施作战行动打下基础，包括信息收集、部队运动、地形管理和维持保障准备等。这些活动在作战简令下达至下级部队后持续进行，简令经确定后用以确保准确传达指挥官作战意图、任务和构想。准备工作还包括演练，可以确保在实施作战行动前理解一致，同步作战行动。演练分为四种形式：备要简令、联合兵种演练、支援演练、战斗训练或标准作业程序演练。

备要简令通常在下级部队制定了作战计划并充分理解作战意图、任务和构想之后进行。指挥官可用备要简令来确保即将通过实施火力达成效果的部队切实理解了作战时机和要求，还可以用备要简令来同步下级部队之间的作战效果以及他们与整体计划之间的作战效果。

联合兵种演练集合了所有下级部队，由指挥官和参谋人员共同对计划进行演练。在此期间，火力效果必须完全和其他作战职能同步，需要注意的是，这是将火力与机动同步的最佳时机。演练需要有达成预期效果的时机和触发因素，指挥官还需发挥优势，在计划未达成时进行分支计划演练。

支援演练主要关注某一项作战职能或能力。运用火力的人员需要参与其他支援演练活动，确保火力作战职能与其他作战职能达成同步。火力演练用以同步所有分队的火力计划实施行动，包括所有传感器、投送资产及指挥与控制资产。支援演练可在联合兵种演练前开展，这样能够进行细致的作战职能同步工作；也可以在其后进行，解决在联合兵种演练中遇到的细节问题。

战斗训练或标准作业程序演练期间，指挥官和参谋人员应演练实战可能运用的战斗训练科目，包括运用传感器和投送系统处理任务，达成预期效果。一般应包括一些测试部队相关能力的技术演练，如运用基本、预备（备用）、应急和紧急五种通信方式，指挥控制资产，实现火力作战职能。

1.3.3 火力评估

评估是针对完成任务、实现效果或达成目标等工作的进展情况，作出判断、决策的过程。评估通常贯穿作战流程，指挥官和参谋人员因此能够对收集的信息进行分析并作出决策，产生预期效果并达成目标。评估主要涉及三项工作：监控、评价和对行动改进提出建议或指示。监控是对与当前作战行动相关的战场环境的持续观察，通常开始于计划工作阶段，在参谋人员收集信息并分析后进行。评价是指运用统一标准判断理想状况进程，并分析当下情况存在的原因。

评估需要对预期性能指标和效能指标做出评测。性能指标可以评估己方部队的任务完成情况。比如可以提出问题："打击的目标是否符合预先设定的目标选择标准，是否根据攻击指示表来进行？"效能指标用以评估与最终态势完成度、目标完成度、与预期效果程度有关的系统活动、能力及作战环境的变化。具体的问题可以是敌方防空指挥控制系统的削弱，是否让空中组成部队在预期时间段内实现了机动自由？与两项指标相关的信息需纳入部队信息收集计划中。

监控有助于开展目标查明及对特定目标的信息收集工作，从而可以实施有效打击，具体包括在作战环境中描述特定目标及其与其他目标和能力联系的方式。指挥官和参谋人员根据相关信息决定何地、何时实施打击，以及运用何种投送系统达成预期效果。

评估工作在目标打击期间和结束后持续进行，验证是否达成预期效果并进行初步战损评估。战损评估主要包括三部分：物理毁伤评估、职能毁伤评估和目标系统评估。物理毁伤评估测量对目标造成毁伤的具体程度。职能毁伤评估针对预期打击效果，衡量被打击目标遂行其任务的残余能力。目标系统评估是对所有类型目标系统截击效能的全面评估。初步战损评估主要侧重物理毁伤评估，在其他类型之后进行。初步战损评估后，指挥官需要作出相应的决策，包括是否再次打击目标，调整攻击指示表以提升效能，以及在未达成预期效果情况下是否需要转向分支计划。

第 2 章 野战炮兵旅组织结构

本章探讨了野战炮兵旅的基本任务、能力组成、编成以及指挥和参谋人员的职能职责。野战炮兵旅的主要任务是为师、军或联合特遣部队提供战术支援，同时旅也可担负部队野战炮兵指挥部或反火力指挥部之职。

2.1 编制体制

野战炮兵旅的建制内资产包括 1 个旅支援营、1 个网络保障连、1 个编在旅部和旅部连内的目标侦察排以及旅部和旅部连。野战炮兵旅和每个下级分队都可以根据需要进行扩充（特遣编组），通常包括 1~5 个野战炮兵营的组合，以及其他保障力量，如炮位雷达、机动部队、监视能力或电磁战资产。电磁战是指使用电磁能和定向能来控制电磁频谱或攻击敌人的军事行动。野战炮兵旅的信息需求需要完全纳入被支援部队的信息收集计划中，这一点至关重要。图 2-1 描述了野战炮兵旅的编成。

2.1.1 目标侦察排

野战炮兵旅目标侦察排由排部、炮位雷达班和目标处理班组成。目标侦察排可以持续保障炮位雷达工作，以支援指挥官的反火力作战，并收集有关敌人间瞄火力系统的信息。此外，在调动、执行维护或修理时，野战炮兵旅炮位雷达可以为各旅战斗队建制内炮位雷达提供覆盖范围。目标侦察排的职责包括：

（1）开展炮位雷达工作，以侦察、定位、分类、报告和传达反火力战斗的间瞄火力系统的发射点、弹着点、雷达横截面和速度。具体体现：为搜索区域内的单位提供全般支援炮位雷达覆盖，提供炮位雷达维修保障，确认已

第 2 章 野战炮兵旅组织结构

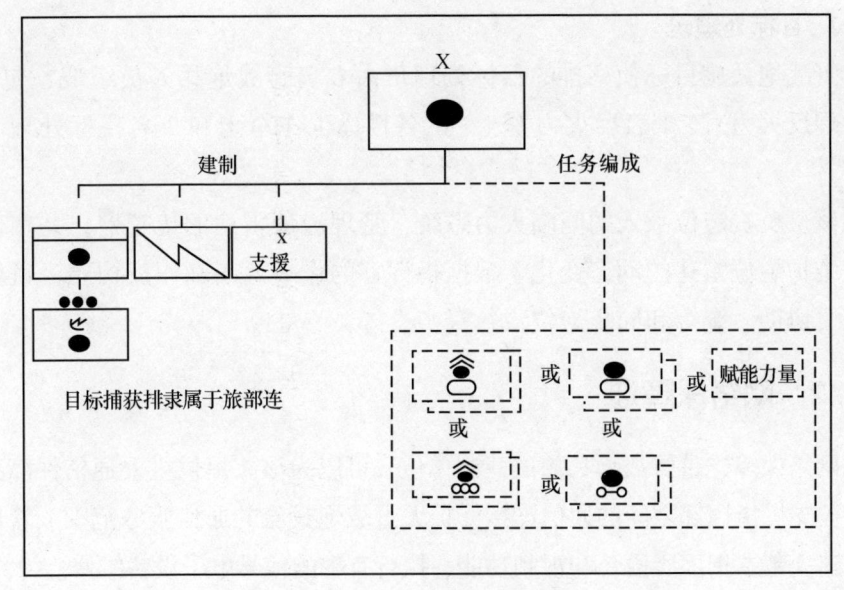

图 2-1 野战炮兵旅编成

方火力的实际爆炸或弹着位置。

（2）实施勘测（如果未提供其他可用资产）。具体如下：确保为被支援司令部提供常规勘测，建立磁偏勘测站。

（3）目标处理。具体体现：就作战地域范围内炮位雷达搜索区域向被支援部队司令部提出建议并展开协调，根据形势确定调整炮位雷达的覆盖范围。建议并确定炮位雷达区；监控建制内和支援性炮位雷达的运行；提出目标和可疑目标，并细化目标位置；将目标传送给火力支援分队或火力控制分队以采取行动；在自动瞄准系统中维护目标整理图和炮兵目标情报文件；请求对生成的目标进行战损评估，并将其传递给火力控制分队采取行动。

1. 炮位雷达班

野战炮兵旅的目标侦察排编有 2 个 AN/TPQ-53 分排和 2 个 AN/TPQ-50 炮位雷达组。它们所属的雷达操作人员接受培训后可以在所有炮位雷达上进行雷达操作。炮位雷达是一种连续捕获目标的反炮兵系统，用于侦察飞行中的弹丸，并传递发射点和弹着点位置。

基于勘察工作，野战炮兵旅资产能够获得通用网格坐标，实现火力的集中。勘察也可以作为炮位雷达建立勘察控制点的一种辅助方法。勘察能力由目标侦察排配置范围内的改进型定位定向系统提供。

2. 目标处理班

野战炮兵旅目标侦察排的目标处理班由 6 名野战炮兵人员组成，包括 1 名助理反火力官、1 名反火力军士、1 名目标工作军士和 3 名目标处理专业军士。

该班负责定位敌人的间瞄火力系统，管理炮位雷达的传感器，并在作战期间维护炮位雷达的动态变化。根据指挥官的作战意图和作战构想，目标处理班要协助、统筹和同步炮位雷达资产。

2.1.2 网络保障连

网络保障连是野战炮兵旅的建制单位，可以为该旅提供主要通信保障，包括与被支援指挥部之间的通信连接、扩大野战炮兵旅的通信服务范围、管理网络、建立基本指挥所语音和视频功能、执行有限的信号电子设备维修。

通信网络保障连可以部署、安装、运营和维护信息系统网络，以保障野战炮兵旅作战，并加入师、军或战区网络。该连的关键运营分队包括网络运行分排、联合网络节点排和网络扩展排。这些分队通过为非机密和机密信息、语音和数据、战术网络覆盖和指挥所支援等提供视距和超视距连接，实现野战炮兵旅的通信联络。

联合网络节点排通常部署在野战炮兵旅的基本指挥所，网络扩展排部署在战术指挥所（如已组建）。根据任务变量的不同，该排可以部署在最有利于支援野战炮兵旅作战行动的位置。

2.1.3 旅支援营

旅支援营由营部和勤务连组成，负责协调一类（口粮）、二类（被装）、三类（油料）、四类（构工材料）、五类（弹药）、七类（替代装备）和九类（维修零件）物资、野战维修和有限的运输保障。旅支援营是旅司令部的固定单位，通过选配各种单位获得支援能力，为任务提供支援。旅支援营如果想全面支援野战炮兵旅，就必须与军远征保障司令部的战斗保障支援营建立支援关系。营部和勤务连为执行特定任务的配属分队提供营级监督和协调。前进支援连不是旅支援营的建制分队，虽然通常配属给火力营，但也可以根据需要配属给旅支援营。

第 2 章 野战炮兵旅组织结构

旅支援营不包含卫生与勤务部门（以下简称卫勤部门），可以依靠旅卫勤排提供 1 级治疗，并依靠配属给多功能卫勤营的区域支援卫勤连提供 2 级区域支援。3 级护理则由提供支援的战斗支援医院或野战医院提供。

2.1.4 多管火箭炮营/"海马斯"火箭炮营

野战炮兵旅的多管火箭炮营/"海马斯"火箭炮营①可提供远程精确火力，以支援师、军、联合特遣部队或其他上级指挥部行动、决定性行动和造势行动，并遂行反火力任务。火箭炮营是针对支援这些特定任务的需求而进行任务编组的，通常可往下配置连级甚至排级。火箭炮营还可以根据直接支援、全般支援和全般支援-加强等支援关系的需要，向更低级分队（师或旅战斗队）提供支援火力。多管火箭炮/"海马斯"火箭炮营火力连的任务编组如图 2-2 所示。

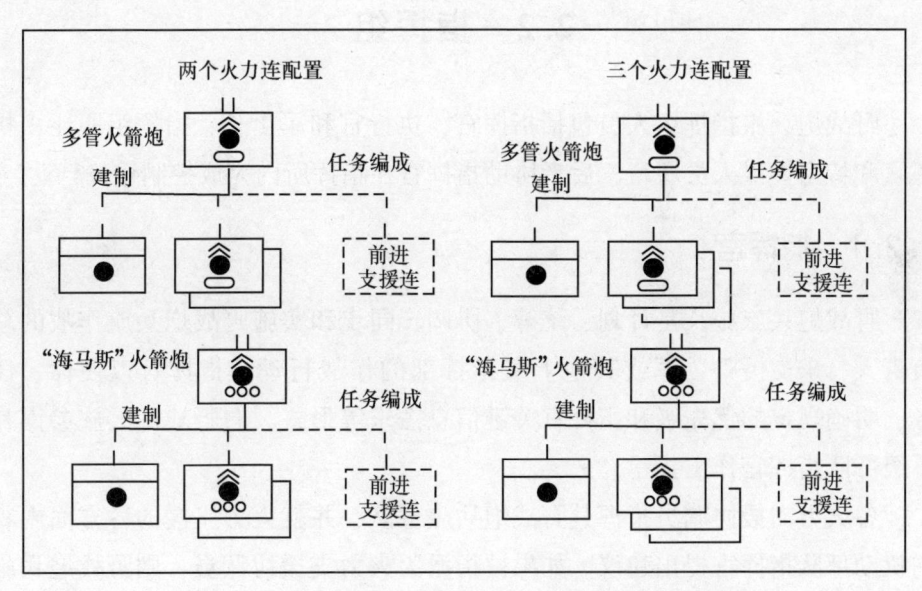

图 2-2 多管火箭炮/"海马斯"火箭炮营火力连配置

精确弹药可通过持续制导和控制来修正弹道条件，直至弹药命中瞄准点或子弹药散布取得小于杀伤效果半径的末端精度。多管火箭炮/"海马斯"

---

① 英文：high mobility artillery rocket system battalion，即高机动炮兵火箭系统营，又称"海马斯"火箭炮营。装备武器称为"海马斯"火箭炮。

火箭炮配备的精确弹药包括：

（1）制导多管火箭炮系统（GMLRS），可以为指挥官提供更高的精度和更大的射程。制导多管火箭炮系统增强后的射程是原射程的2倍，其极高的发射高度（导弹弹道顶点、最大纵坐标）需要与航空兵计划人员和联络员密切协调，以确保在其发射和下落时附近不会有飞行器出现。

（2）美国陆军战术导弹系统（ATACMS），可以提供远程火力支援。这些导弹可由多管火箭炮/"海马斯"火箭炮平台发射，可能携带人员杀伤/反装备子弹药或单一高爆弹头。

（3）精确打击导弹，是一种从多管火箭炮/"海马斯"火箭炮发射的地对地远程导弹，射程更远、杀伤力更大。这种导弹能够攻击地面或海上目标，并将成为穿透或瓦解敌方反进入/区域拒止能力系统的关键能力。

2.2 指挥组

野战炮兵旅指挥组人员包括指挥官、执行官和军士长；指挥组职能由指挥官和特定参谋人员履行，后者协助指挥官在指挥所内完成控制作战行动。

2.2.1 指挥官

野战炮兵旅旅长是计划、统筹、协调、同步和实施野战炮兵旅作战的总负责人，来支援师、军或其他上级指挥部的作战行动。指挥官以使命、任务、明确规定的优先级和指挥官关键信息需求等形式，向野战炮兵旅参谋和下级部队指挥官作出指示。

各火力支援协调员指挥其野战炮兵旅部队，并就火力支援的各方面内容向机动部队指挥官提出建议。如果被指派为火力支援协调员，则野战炮兵旅旅长大部分时间内要么与机动部队指挥官在一起，要么与其火力支援分队在一起。两名参谋人员必须了解自己的职责，并协助火力支援协调员推进部队遂行火力支援任务。

野战炮兵旅旅长兼任火力支援协调员，其职责包括：执行上级指挥部分配给野战炮兵旅的任务；根据上级指挥部的作战构想、火力支援方案和作战计划或作战命令中的其他指示，确定野战炮兵旅的指定任务和隐含任务；计划并推荐支援上级指挥部作战行动的野战炮兵旅运用方法；就火力分配、指派指挥和支援关系，以及目标捕获、攻击和保障等资产的位置提出建议；确保野战炮兵旅的下级部队得到合适的任务编组和部署，以便实施火力任务，支援上级或被支援指挥部的作战行动；监督野战炮兵旅参与上级或被支援部队指挥机关的目标工作，包括在联合司令部的指挥下展开联合目标工作以及为联合司令部提供支援时的联合目标工作；评估野战炮兵旅下级部队建制内、隶属和配属单位的战备状态；指导包括演练在内的任务准备；发布指挥官关键信息需求；批准野战炮兵旅的计划和命令。

2.2.2 执行官

执行官通常担任副指挥官，其职责和权限因指挥官的意愿、野战炮兵旅的任务以及作战的范围和复杂性而不同。野战炮兵旅旅长可以将特定领域或职能的责任委托给执行官。

通过赋予执行官控制这些领域和职能所需的权限，野战炮兵旅旅长就可以扩大控制范围。执行官的主要职责包括：主持主要委员会和工作组工作；保障战备状态，并就在保障支援中必要的改变向指挥官提出建议；代表指挥官参加谈判、媒体活动和指定的关键领导者接触活动；帮助旅作战参谋人员重点关注当前作战的整体统筹和同步[①]；在任务变量条件要求时，担任统一行动机构、多国参谋部或指挥组的临时联络官；管理指挥官的关键信息需求；确保野战炮兵旅的行动在野战炮兵旅指挥所、上级指挥部、下级、被支援和支援部门之间进行横向和纵向整合；确定联络要求并监督联络官；确保参谋军官和各部门（科室或小组）的工作质量，并保障相互之间在整个评估、计划、准备和实施阶段的交流；在军事决策过程中与野战炮兵旅参谋人员开展同步工作；建立并维护参谋部计划工作时间表；通过军事决策过程在目标工作中协调目标侦察、火力和信息作战；根据上级指挥部和野战炮兵旅的计划整编配属的单位；传达指挥官的指令和指示；确保参谋人员与上级、下级、支援、被支援和友邻部队相应人员之间的沟通；管理信息在野战炮兵

---

① 注：通过让高级领导者更多地参与制订未来行动计划，执行官可以协助作战参谋人员展开统筹活动。

旅范围内的传输；任务完成后评估下级部队的战备情况；监督并维持旅参谋部提供的不间断判断。

2.2.3　军士长

野战炮兵旅军士长是指挥官的高级士兵顾问，既是一名专业军士，又是一名多面手，必须具备野战炮兵士兵的技术能力，同时具备与作战、管理和保障等所有职能领域有关的知识。军士长是指挥官眼睛的延伸，也是主要的问题解决人员。

根据部队的需要和指挥官的指示，军士长要与旅的每个参谋科室密切合作。为了在指挥官处于需要额外监督或观察的关键位置时，军士长有权使用车辆、无线电和驾驶员。军士长的主要职责包括：协助指挥官与上级和下级领导者及参谋人员保持有效沟通；核实指挥官的指示和意图是否通过指挥链正确传达给前线士兵，以及他们的反馈和担忧是否传达给指挥官；就与现役官兵的相关事宜向指挥官和参谋提出建议；协助计划、协调和监督集体和个人训练，包括制订资质认证要求；指导本旅的士官成长；规划职业发展；从士兵队伍中挑选人才培养未来的领导者。

2.3　参谋人员

野战炮兵旅参谋人员可以协助指挥官行使权力并作出决策。各类参谋人员必须在旅内上下级及本级参谋人员之间共享信息，并在上级和下级司令机关参谋人员之间共享信息。野战炮兵旅的参谋人员包括：

（1）侍从参谋。野战炮兵旅旅长的侍从参谋包括军法官、牧师、卫勤军官和公共事务官。他们可以在自己的专业领域协助指挥官，并且通常在指挥官的直接监督下工作；

（2）协调参谋。野战炮兵旅协调参谋包括营或旅人事参谋（S-1）、营或旅情报参谋（S-2）、营或旅作战参谋（S-3）、营或旅后勤参谋（S-4）以及营或旅通信参谋（S-6）。协调参谋可以提出可供选择的建议，以确保野战炮兵旅旅长能够及时获得关键信息，从而制订作战计划、开展准备工作和作战实施，并进行持续评估。

(3) 特业参谋。在野战炮兵旅中，包括火力支援官、防空空域管理官等在内的许多特业参谋都是野战炮兵旅基本指挥所内参谋科室、小组或其他要素的主管人员。

2.3.1 侍从参谋

每个协调、特业和侍从参谋科室的人员都分布在野战炮兵旅的三个组织机构中：指挥组、基本指挥所和战术指挥所（如果组建）。野战炮兵旅基本指挥所和战术指挥所被编为多个作战职能小组和整合小组。

根据野战炮兵旅旅长的要求，每个参谋科室的部分人员都可能被指派给野战炮兵旅基本指挥所或战术指挥所，以及基本指挥所和战术指挥所内的小组和其他要素。侍从参谋包括旅的军法官、牧师、卫勤军官和公共事务官。

1. 旅军法官

军法官是旅长的主要法律顾问，同时身兼旅长的侍从参谋和特业参谋，在参谋部中扮演着独特的角色。作为一名侍从参谋，旅军法官需要就与军事司法有关的事项与旅长保持直接沟通。当执行与军事司法无关的特业参谋职能时，如参与军事决策过程，旅军法官可能会受到旅执行官的监督。该旅军法官可以以旅参谋人员的身份开展工作，并担任本旅法律科的负责人。作为一名旅参谋人员，旅军法官通常参加由旅参谋负责人参加的会议。

旅军法官的主要职责包括：监督、培训和指导分配给本旅的所有军法官和律师助理；根据需要，就国家安全法、军事司法、行政法、合同和财政法以及其他法律领域问题为指挥官和参谋部提供咨询；确保就所有法律职能问题及时为其所在旅提供法律服务；参与作战计划制订和目标工作流程，包括计划和命令、训练方案中与法律有关的关键行动或活动；为本旅计划、协调和监督士兵及其家庭制订法律事务计划并予以协调和监督，以及制订预防性法律项目。

2. 牧师

旅牧师负责在士气、伦理和宗教方面向司令部提供宗教保障和建议。牧师向野战炮兵旅参谋人员提供有关宗教对于作战行动、所属人员和当地人口的影响方面的建议。

牧师可以参与目标工作，提出仅限于有关士气、伦理和宗教事务的建议。牧师必须在整个目标工作流程中保持非战斗人员的身份，不参与识别潜在目标的工作。

3. 旅卫勤官

旅卫勤官负责协调本司令部范围内的陆军卫生系统保障和运行等事务。野战炮兵旅卫勤官为陆军官兵、平民和敌方战俘提供卫勤服务并进行监督。卫勤军官的职责包括但不限于：就本司令部人员的健康状况向指挥官提出建议；制订野战炮兵旅作战命令中的陆军卫生系统支撑保障设想；提供健康教育和培训；协调医疗后送，包括陆军专用医疗后送平台（空中和地面）；监督和准备与健康相关的报告和统计数据；就医疗威胁对人员、口粮和水的影响提出建议；提出作战行动如何影响人员和当地居民公共健康的建议。

4. 公共事务官

公共事务官要了解传递给旅官兵、陆军军界和公众的信息，并进行相应的统筹部署。公共事务官的职责包括：计划和监督司令部的公共事务计划；将计划或当前行动的公共事务影响和潜在后果告知指挥官，并提出建议；为指挥官拟定公共交流主题和信息；充当司令部代表，负责与外部媒体的所有沟通；评估旅和公众的信息需求和期望，监控媒体和舆论，评估公共事务计划和行动的有效性；制订司令部有关政策和程序并进行教育，预防出现有损任务、国家安全和个人隐私的信息；向士兵和常驻地受众推荐新闻、娱乐和信息。

2.3.2 协调参谋

野战炮兵旅的协调参谋包括人事参谋、情报参谋、作战参谋、后勤参谋和通信参谋及其相应的参谋部门。

1. 人事参谋

野战炮兵旅的人事参谋是负责人力资源保障（军人和文职人员）所有事宜的协调参谋。野战炮兵旅的人事参谋就人员战备管理，人员清点和实力报告，个人信息管理，人员伤亡作业（包括伤亡估计），邮政业务，基本人事服务，接待、轮换、返岗、休息和休养以及转移，人力资源计划和参谋作业，士气、福利和娱乐等为野战炮兵旅各单位提供技术指导。野战炮兵旅人事参谋与旅后勤参谋共同负责为保障小组配备人员并实施作战行动。

2. 情报参谋

野战炮兵旅情报参谋是指挥官的首席参谋，负责收集潜在威胁环境对己方和敌方的影响，以及环境本身的所有事宜。情报参谋负责情报准备、情报分工、情报同步、其他情报支援、反情报以及对安全计划的支持。

情报参谋可以为野战炮兵旅旅长提供针对敌方部队、系统和设施的信息和情报；为指挥官提供敌军炮兵战斗序列和机动方案情况；直接负责编写情报附件并进行协调，为野战炮兵旅计划和命令火力附件中的野战炮兵支援部分提供信息。

3. 作战参谋

野战炮兵旅作战参谋是野战炮兵旅旅长的首席参谋，负责编制野战炮兵旅各项计划和命令，控制下级部队，并及时有效地提供火力支援。此外，野战炮兵旅作战参谋对目标侦察、气象、化学、生物、辐射和核等一系列密切相关职能进行协调监督。

4. 后勤参谋

野战炮兵旅后勤参谋负责对野战炮兵旅的保障行动进行监督。后勤参谋是维持保障小组中制订保障计划的牵头人。野战炮兵旅后勤参谋要与旅支援营的保障行动军官（SPO）和参谋人员合作，并在很大程度上依赖他们获取信息，来制订野战炮兵旅作战的保障计划和需求。后勤参谋对补给、维修、运输、卫勤和野战勤务等方面为野战炮兵旅提出建议并进行监督。

在旅支援营支援行动军官的配合下，野战炮兵旅后勤参谋可以充当旅支援营参谋整编员，为野战炮兵旅实施保障行动。野战炮兵旅后勤参谋是建立和保持对旅保障能力和局限性相关态势感知的首要参谋人员，也是行政单位调动和部署的联络参谋。

5. 通信参谋

野战炮兵旅通信参谋是负责指挥、控制、通信和计算机操作等所有事宜的协调参谋。通信参谋在网络运行、信息传播和信息保障等方面对野战炮兵旅各单位进行技术监督，包括电磁频谱协调。通信参谋同时负责整理野战炮兵旅通信网络保障连的参谋类工作。

2.3.3 特业参谋

野战炮兵旅的特业参谋包括火力支援官、太空作战军官和防空空域管理官。

1. 火力支援官

火力支援官是指从战役至战术级别负责就火力职能和火力支援问题向被支援部队指挥官提出建议，或者为高级火力军官提供协助的野战炮兵旅军官。火力支援官要与作战参谋密切合作，确保相互了解野战炮兵旅作战有关的评估、计划、准备和协调的各个方面内容。

火力支援官根据需要协助火力支援协调员，以确保从计划阶段到实施阶段的顺利过渡。野战炮兵旅火力支援官的职责包括：为陆军火力支援和联合火力支援中的野战炮兵旅制订作战行动计划，并展开协调统筹，包括对敌军指挥或控制系统的同步攻击；监督火力打击和目标工作部门；告知野战炮兵旅旅长和参谋人员各种可用火力支援手段的能力和局限性，包括陆军间瞄火力、联合火力和多国火力；为野战炮兵旅的计划和命令提供信息。直接负责制订和协调在野战炮兵旅计划和命令中描述野战炮兵旅火力打击方案部分的内容，包括野战炮兵旅计划和命令中的火力附件。

2. 太空作战官

太空作战军官隶属野战炮兵旅的作战科，针对指挥官的意图、作战构想、野战炮兵旅的任务和太空威胁情况，就太空作战的能力、局限性、考虑因素和影响向指挥官和参谋人员提出建议。要确保将太空作战纳入所有相关参谋工作流程，并将遭敌拒止、降级和破坏的太空作战环境（D3SOE）的可能影响纳入任务计划工作中。

（1）确保对被拒止、降级和破坏的作战环境及其对野战炮兵旅的影响达成共识。确定、了解并展示卫星通信和全球定位系统环境的显示方式，以便在作战过程中支持精确制导弹药的使用、火力任务处理"阿法兹"系统的运行[1]以及己方部队的跟踪行动。

（2）帮助情报参谋了解敌方太空和反太空的能力及局限性；建立政府、美国太空部队和美国太空司令部内的机构、系统和产品，与野战炮兵旅情报参谋之间的联络，以进行情报收集和目标确定。

---

[1] 英文：advanced field artillery tactical data system，即高级野战炮兵战术数据系统，又称"阿法兹"系统。

第2章 野战炮兵旅组织结构

（3）支持通信参谋

实施防御性太空控制；查明关键的指挥控制卫星通信链路，为美国太空部队系统提供信息，以识别和定位敌方干扰系统；对太空和地面天气事件及其对通信、雷达和全球定位系统的影响进行环境监测；协调导弹预警资产，以了解敌方弹道导弹、一体化防空系统（IADS）和火箭系统，以及作战行动中对野战炮兵旅的潜在威胁；协调进攻性太空控制资产，对敌方太空和反太空系统产生欺骗、破坏、拒止、降级或毁坏效果。

3. 防空空域管理官

防空空域管理军官隶属于野战炮兵旅防空空域管理/旅航空兵分队（ADAM/BAE），就防空和导弹威胁、防空炮兵部队能力、位置和活动向指挥官和参谋人员提供建议；监督旅属空域管理能力的运用情况，将本单位的空域需求纳入被支援机动单位的空域计划中；在作战期间为建制内炮兵和隶属的炮兵防空兵单位进行空域火力核准协调。他们可以与提供支援的防空炮兵部队一起计划和协调防空和导弹防御（AMD）行动。

第 3 章 野战炮兵旅目标工作

目标工作在大规模作战行动中具有重要的地位。本章从联合部队和旅目标工作两个层面来阐述目标工作在作战中的意义和重要作用。

3.1 目标工作

目标工作是指在考虑作战需求和能力的情况下，选择目标和确定其优先级，并对其作出适当响应的过程。野战炮兵旅不单独开展目标工作，它可以参与师、军或联合特遣部队的目标工作。目标工作的职能包括决定、侦察、投送和评估。

3.1.1 信息收集

野战炮兵旅不具备实施监视或侦察活动的能力，通过上级或被支援指挥部获取信息。如果向野战炮兵旅提供监视或侦察资产并由其控制，则其指挥官监视和侦察可用资产与炮位雷达资产统筹作业，以发挥其不同的能力。指挥官应将侦察和监视能力与野战炮兵旅的作战构想和上级指挥部的火力支援计划同步。

炮位雷达是野战炮兵旅用于收集、整理情报信息的主要手段。炮位雷达和其他目标捕获资产的主要任务是收集有关敌人和环境的信息，以满足优先情报需求。

3.1.2 目标捕获

目标捕获是指对目标进行足够周密的侦测、识别和定位，以便使用武器进行有效打击。野战炮兵旅目标捕获工作的目的是通过提供及时、准确的信

第3章 野战炮兵旅目标工作

息，增强对特定目标的攻击力。目标捕获系统和设备执行目标侦测、定位、跟踪、识别和分类等火力支援作战中的关键任务。由于建制内不具备监视和侦察资产，因此野战炮兵旅通常依赖外部机构对战场毁伤进行评估。目标捕获资产在战场上属于主动信号发射器，敌方传感器属于被动作业，但发射的信号很可能被敌方侦察到。

军事决策过程必须包括特定的风险化解综合措施，以确保目标捕获资产一直发挥作用，从而为野战炮兵旅作战提供程序保障。在军事决策过程中，特定的风险化解综合措施可以帮助野战炮兵旅作战参谋在生成命令时，提高目标捕获资产的生存能力，确保野战炮兵旅旅长和参谋人员拥有认知优势。例如，电磁防护风险化解措施包括控制发射量和使用地形掩蔽，减少对敌方电磁传感器的暴露。

1. 炮位雷达

目标侦察排编有 AN/TPQ-53 和 AN/TPQ-50 系列炮位雷达。根据通过迫击炮、身管火炮和火箭炮系统获取的信息，目标侦察排为上级部门提供目标情报和信息，改进保护措施，处理反火力任务。该排还可以进行迫击炮和榴弹炮试射。目标侦察排或单部雷达分排会增配额外资产，以根据战术情况创建、定制兵力包。在展开状态下，野战炮兵旅通常会严控目标侦察排以及任何为野战炮兵旅提供支援的其他反火力炮位雷达和系统的使用。

AN/TPQ-53 雷达的主要任务是快速、准确地侦察和定位敌人的迫击炮、身管火炮和火箭炮，以便立即进行打击。Q-53 能够在杂乱的环境中定位敌方迫击炮、身管火炮和火箭炮系统，并为己方的火炮试射和校射提供相关信息。就设计而言，该系统目的是在正面 90°范围内定位 20 千米内的迫击炮、50 千米内的身管火炮和 60 千米内的火箭炮。它还能在 360°范围内定位 15 千米内的迫击炮和 20 千米内的身管火炮和火箭炮。

AN/TPQ-50 系列雷达的主要任务是侦察、定位和报告敌人的迫击炮间瞄火力。该系统在 500 米~10 千米的射程内提供 360°的武器侦察和定位。

2. 炮位雷达的使用方法

如果要有效使用炮位雷达资产，就必须将野战炮兵旅炮位雷达资产纳入被支援指挥部的火力支援计划制订、军事决策过程和目标工作流程中。炮位雷达的计划工作从受领任务开始，贯穿于整个目标工作流程中。

上级或被支援指挥部的火力支援计划人员以及野战炮兵旅旅长,可以建议将上级或被支援指挥部炮位雷达资产纳入战斗编组,以满足上级或被支援指挥部的需求,完成野战炮兵旅的任务。

对目标捕获系统的使用需要考虑三种类型的控制:集中控制、分散控制和组合控制。

3. 集中控制

如果炮位雷达担负部队野战炮兵指挥部职能,且没有其他指定的反火力指挥部,炮位雷达则可由野战炮兵旅加以集中控制。野战炮兵旅或指定的反火力指挥部负责为军、师或联合特遣部队制订整个炮位雷达工作计划,即由野战炮兵旅旅长加以指挥控制。每个指挥层级的反火力指挥部在维持其被支援指挥部的作战地域内雷达覆盖的同时,还需要密切协作,通过综合使用作战地域内所有可用炮位雷达,来维持反火力通用作战图。在野战炮兵旅集中控制下,野战炮兵旅的上级指挥部可以为野战炮兵旅编成内所有炮位雷达建立指挥或支援关系(可能为战术控制关系)。

野战炮兵旅负责为每部雷达指定大致配置地域、搜索范围和地带等;明确提示指导要求;指定提示员;控制炮位雷达的移动;指定炮位雷达目标的接收方。

4. 分散控制

在分散的反火力行动中,没有单独的指挥部协同指挥官的反火力战斗。也就是说,下级各单位负责各自的反火力作战行动。

炮位雷达和射击单位由所隶属的司令机关进行配置,而不是由部队野战炮兵或反火力指挥部进行配置。反火力分排或火力支援分队负责监控,但不控制炮位雷达。分散控制可以缩短传感器到射击器的响应时间,但关键是要提前明确批准火力打击的程序。

5. 集中控制和分散控制的综合使用

情况不同,控制的方式会有所不同。可根据实际情况对炮位雷达进行综合性的集中和分散控制。例如,野战炮兵旅的一部 Q-53 炮位雷达可编组到下级某部队,而其余炮位雷达则由野战炮兵旅控制。尽管野战炮兵旅建制内编配有炮位雷达,但师或其他上级指挥部可能会指派旅战斗队使用本旅的监视、侦察和目标捕获资产,包括旅战斗队野战炮兵营的炮位雷达,以覆盖旅战斗队作战地域内的师和军目标地域。

3.2 联合部队

  指挥官和参谋人员在作战过程中整合作战职能，同步部队行动，从而应对不断变化的战场环境。他们运用一些整合工作来实现这个目的，包括整合多种理论原则。例如，在计划阶段，军事决策过程综合各指挥官和参谋人员的工作，拟订出作战计划或命令。作战过程中的主要整合工作包括：战场情报准备、信息收集、目标工作、风险管理与知识管理。

  目标工作是一项流程，根据作战需求和能力对目标进行选择、区分优先次序，并匹配合适的反应火力。目标工作能促进火力与其他陆军和联合部队其他职能（指挥控制、情报、运动与机动、防护、维持保障和信息）的统筹与同步，以上均在联合目标工作流程的指导下展开。作战部队根据组织层级选择合适的陆军目标工作或联合目标工作流程，实现对火力的整合与同步，在时间和空间上达成预期效果。火力中心向指挥官提供目标工作指示表，查明目标，选择攻击目标并针对特定目标及联合、跨机构和多国火力系统进行协调、整合和分配。

  根据决策、侦察、打击和评估（D3A）这一套程序方法，战术层面的指挥官能够在作战环境中打击敌方目标。若出现由于射程或能力问题无法有效接触目标的情况，则会提名该目标给上级指挥部实施有效打击。

  目标工作具有同步职能，可以影响作战节奏、管理作战范围。目标工作的目的是运用系统方法削弱敌方能力，为己方建立优势。除了破坏敌方打击能力及装备效能外，在纵深地域开展目标工作也是干扰敌方打击能力、建立己方兵力优势和下级部队圆满完成任务的有效途径。

  在支援纵深作战的目标工作中，可以让指挥官和参谋人员采取主动，选择高回报目标，对敌方未投入战斗部队或关键系统实施打击。指挥官对资源进行优先排序、解决即时出现的问题、与参谋人员及下级部队作战行动同步，并管理整个作战节奏。对所有作战职能进行细致的计划与整合，有助于在纵深地域实现联合火力支援与打击效果，达到密集、突击的目的。有效整合、同步与运用联合火力支援和目标工作，对于指挥官实现行动自由尤为重要。

由于很多联合作战能力并不隶属于陆军部队，因此指挥官和参谋人员需要在多域作战中针对联合行动和统一行动的伙伴能力制订计划，并进行协调和整合。整合与同步陆军目标工作和联合目标工作对于发挥联合和统一行动的伙伴和能力至关重要，便于陆军指挥官在战术、战役及战略层面开展行动。

地面组成部队指挥官通过联合目标工作向联合部队指挥官请求联合火力。在特定情况下，联合部队指挥官可以派遣地面组成部队指挥官，提供地对地火力以支援联合部队的目标打击工作。

若在地面组成部队指挥官这一层级，则联合目标工作输出端的内容为战术部队行动所用。同时，地面组成部队指挥官也可根据联合部队指挥官意图，结合当前环境和任务指定打击目标，并输入至联合目标工作，这些目标可能在自身管控的作战地域之外。

3.2.1 陆军目标工作

陆军目标工作集合了指挥官和参谋人员的工作，满足关键的目标需求。D3A程序帮助指挥官和参谋人员判断必须侦察和打击的目标，并列出可选方案，可能包括杀伤性资产或非杀伤性资产、建制内的资产或支援资产，如机动能力、电子攻击能力、心理战能力、攻击机、地对地火力系统、空对地火力系统、其他信息相关能力等。

D3A程序方法是军事决策过程的基本组成部分。随着军事决策过程的推进，根据指挥官指示和意图而开展的目标工作更为聚焦集中。一些特定的目标可能需要谨慎对待，因为若打击方式不当，可能带来无法预估的后果。比如存在政治或外交风险需要谨慎对待的目标，以及处于附带损伤高风险区，伴有大规模毁伤武器系统的目标。

1. 决策

决策是目标工作的第一项职能，在作战流程的计划阶段进行，需要指挥官与情报参谋、计划参谋、作战参谋、火力中心参谋及军法官密切配合。决策贯穿整个作战流程，开始于军事决策过程的任务分析阶段。参谋人员制订决策回答以下问题：指挥官目的是什么？需要何种目标工作效果来达成指挥官任务目标？高回报目标有哪些？需要捕获和打击哪些高回报目标以完成任

第 3 章　野战炮兵旅目标工作

务？何时、何地可能发现这些目标？交战规则对目标选择有何影响？获取目标后过了多久？由谁或何种装备来定位（追踪）目标？攻击（打击）目标需要何种目标工作精度？侦察、监视、目标获取、传感器配置和运用的次序是什么？打击高回报目标需要实现哪些优先情报需求？这些目标在何时、何地、如何、按何种次序受到攻击（打击）？判断高回报目标是否成功受到打击，以及是否达成指挥官预期效果的性能指标和效能指标有哪些？谁或何种武器能够攻击（打击）目标？如何实施攻击（例如打击资产的数量或类型）以达成预期效果？根据指挥官的指示，需要哪些资产或资源？为了判断每次攻击（打击）的成败，评估谁或什么成果及其他所需信息？由谁接收与处理信息，需要多快，以何种形式进行？谁有判断成败的决策制订权？作出决策并发布的速度需要多快？如果一次攻击（打击）不成功，需要采取什么行动？谁有权利指挥？目标工作中需要分析、评估哪些民事事项？何时及用何种方式收集、处理、形成及发布这些目标信息？

2. 侦察

侦察是目标工作的第二项职能，主要在作战流程的准备阶段进行，并贯穿全程。通过信息收集所获得的情报是火力计划与目标工作的关键资源，用以满足目标工作的信息需求。指挥官对目标侦察和行动的需求为优先情报和信息需求。在大规模作战中，对目标侦察进行先后排序可能比较困难，需要为支援火力的特定情报收集能力创造机会窗口。高回报目标必须满足优先情报需求。打击的次序取决于这类目标对己方行动方案和目标捕获需求的重要程度。应通过量化及质化的方法来排序目标，比如基于目标的重要性、可进入性、恢复力、脆弱性、效果及可识别性。目标价值分析方法也可来对目标进行排序。目标工作小组将针对高回报目标获取的情报和信息纳入部队总体的信息收集计划中，包括具名关心地域、目标关心地域和攻击地域。

侦察贯穿作战实施期间。目标捕获资产侦察待命打击目标，并向上级司令部报告目标位置用以验证。按照攻击指示表，经过验证的有效目标将由指定情报机构处理。一些目标获取资产可直接确定实际有效目标；另一些目标获取资产必须先进行信息处理，之后才能获取有效目标。在决策阶段明确目标优先次序可以加快对目标的处理速度。目标追踪尤为重要，因为在定位和识别后，可能会出现目标难以接近（射程之外）或无需攻击（超出打击范围但正向有利打击方向移动）的情况。根据攻击指示表，追踪那些难以接近或无需攻击的重要目标，确保其不脱离视界。追踪可疑目标可以加快攻击指示表的实施，并在经过验证前保持其在视界内。计划军官和实施军官必须记住用于追踪目标的资产不一定适用于目标获取。目标验证有效后，根据攻击指示表和系统定位需求，将打击任务指派给合适的武器系统。

3. 打击

打击是目标工作的第三项职能，主要在作战流程的实施阶段进行。主要目的是根据指挥官的指示打击目标，选择单一武器或武器系统组合，制订打击时间的战术决策以及所选武器的技术解决方案。

决策阶段应简化目标工作的输出端内容，以加快制订火力投射决策。目标同步计划表可将打击目标与计划内侦察资产、打击平台及评估方法相关联。高回报目标清单可对目标进行分类并排序。攻击指示表则将目标类型与打击平台匹配结合，加快打击临机目标进程。目标选择标准能为打击目标提供选择依据，诸如目标大小、部署以及毁伤次数等。

4. 评估

评估是目标工作的第四项职能，贯穿整个作战流程。指挥官和参谋人员评估任务实施的结果。评估过程具有持续性，并且与计划、准备和实施阶段的指挥官决策直接关联。参谋人员通过监控可能影响作战结果的各种因素来协助指挥官，并及时提供所需信息。以下是评估中的关键事项：

（1）评估任务实施的结果。如果评估结果显示未达成指挥官的指示要求，那么需要继续关注相关目标，并对目标选择阶段的决策作出调整。

（2）战斗评估。其主要由三部分组成，即战损评估、弹药效果评估和再攻击建议。

（3）评估所有层级。只要受领了特定作战、任务或行动，就要展开评估工作。即使在非战斗行动中，评估过程也与传统的战斗评估同等重要，甚至更为复杂。

评估工作必须向指挥官提供与任务风险和部队风险相关的敌方残余实力，该信息将在目标工作下一循环中的决策阶段被直接提供给指挥官。

3.2.2 联合目标工作

联合目标工作需要参考战役计划或应急计划、作战命令或补充命令中的联合计划部分来开展进行。计划和命令是目标工作实施的前提。地理作战指挥官维持其作战地域内，与战役计划和应急计划相关的目标数据库。详细的基础情报包括动态威胁评估和作战环境联合情报准备，与国家评估共同开始于目标系统分析阶段，且有助于开展细致的目标工作。支援应急或军事行动的很多情报信息都是持续完善、维护与更新的。地理作战指挥官通常为下级联合部队指挥官提供一份目标清单或是目标资料夹，以便其在各自责任区内执行联合作战计划。

联合目标工作主要为六个阶段：

第一阶段：确定指挥官目标、目标工作指示与意图。联合部队指挥官创建并公布目标工作指示，包括目标工作优先排序优先级、时间敏感性目标标准与程序、组成部队关键目标、目标获取和识别标准以及批准。

第二阶段：目标查明和排序。目标查明指对潜在目标系统及组成部分、单个目标以及目标组成元素进行系统检验，从而决定必要行动的类型和持续时间，保证对每个目标产生效果，并与指挥官的目标一致。

第三阶段：能力分析。这个阶段涉及对目标关键组成元素的能力分析，组成部队指挥官据此选择合适的目标进行打击，并结合特定情况寻找最优解决方案。

第四阶段：指挥官决策和兵力部署。其包括对具体分队层级的兵力部署工作，整合前期任务，并结合可运用兵力、传感器和武器系统进行能力分析，得出结果。

第五阶段：确定任务计划和兵力实施。在接收到任务指派命令后，由具体部队实施作战任务。联合目标工作可为计划制订军官提供计划支援，通过指定组成部队分析系统，获取目标详细信息，从而确保达成预期效果。

第六阶段：战斗评估。战斗评估阶段具有持续性，应评估前五个阶段的行动效能。

3.2.3 整合陆军目标工作与联合目标工作

地面组成部队指挥官负责联合目标工作，协助联合部队指挥官制订攻击指示，整合地面组成部队火力和其他联合火力以支援联合部队作战，开展目标查明工作，同步和协调对情报资产的运用，打击目标，提供评估反馈。无论联合部队如何编组（按职能或按军种），这些工作都会持续展开。组成部队、战场分析员以及多国伙伴之间的协调与沟通，对于实施火力计划，打击临机目标尤为重要。

地面组成部队司令部负责将目标工作 D3A 程序与联合目标工作整合。如果存在新的提名目标，那么需要进行目标查明工作。

上级司令部还负责将下级部队战术层面的提名目标纳入联合目标工作，有效缩短第二阶段至第三阶段的进程。D3A 程序还需按照参联会主席指令 3370.01C，根据外在战术层级的目标提名，开展中级和高级目标查明工作的能力。必须通过召开目标工作决策委员会会议，确保提名目标符合联合部队指挥官目标验证标准。为所有组成部队提供联合优先目标清单，分配最佳资产达成预期打击效果。

为了满足中级目标查明的要求，地面组成部队指挥官必须根据当前最新的参联会主席指令中的联合中级目标查明指示，对情报参谋资质进行认证。

为了满足高级目标查明的要求，地面组成部队指挥官必须根据当前最新的参联会主席指令中的目标查明和附带损伤的指示，对情报参谋资质进行认证并成立"目标资料认证工作中心"。

本地化标准作业程序可以在战术层级指导目标查明工作。由于指挥权限不同，目标资料（资料夹、目标工作资料和图像等）也有差异。同时，联合政策、指令和条令会对目标查明过程进行管控。联合目标查明需要具备严谨性、灵活性和规范性，确保分析员或组成部队提供的目标资料能够被联合情报管理团队成员理解、识别、恢复及改进。

在联合作战环境中，执行目标查明时还需考虑：组成部队分析员在参与联合中级目标查明、目标资料产出、附带损伤评估、武器系统操作及战损评估这几个方面，是否接受培训并获得了资质。其中包括对电子目标资料夹的创建与维护方面的培训，该资料夹储存在现代一体化数据库内，该数据库有两个交互界面，即国家生产工作坊和联合目标工具箱。分析员接受以下三个目标查明中的工作相关培训：目标系统分析、实体层级目标查明、目标清单管理。之后，该分析员获得情报信息，调取目标工作数据库和储存库内信息（大部分是机密级）。

分析员经过以上所述培训后，具备特有的专业技能。通常来说，资质认证需要通过维持试验训练要求。指挥官需要慎重考虑哪一种更加有利,是赋予分析员双重任务,还是指派其他单一任务而不参与目标查明工作。

3.3 野战炮兵旅

战术层面的目标工作主要依赖人员和装备能力。旅的人员数量远远少于军团或战区陆军。参谋人员和目标工作小组必须对人员能力和需求进行评估,以确定采用 D3A 程序的可行性和细致程度。实际上,旅是实施正式程序的第一层级单位。该方法在各层级部队的应用非常相似,但流程和程序可能会有所不同。上级指挥部的目标选择决策会影响下级指挥部的目标选择决策。旅参谋人员可根据时间和人员情况,引用师的目标工作成果或使用自己的成果,以协调和整合目标工作行动。旅集中精力协调资产,查明其在指定作战地域内的目标,并针对自身任务执行能力或建制内资产和辅助手段判断是否能完成作战效果,如不能,则向师提交支援请求或提名目标。旅无法打击的目标主要是源于特定的敌方系统、装备或个人,而不是源于规模更大的敌方能力或功能,如防空系统、火力指挥或后勤。

3.3.1 作战框架

在了解作战框架的基础上,指挥官和参谋人员能够从地理空间和时间角度掌握责任区。此外,他们还可对本编成内后方作战、近距离作战和纵深作战进行界定。参谋人员也要掌握其指定责任区在多域作战场上的深度和广度,包括电磁频谱和信息维度。因而,部队将获得正确的指导方向,补充其不断评估对手在所有领域实力的能力也相应得到补充。对作战框架的真正了解能让指挥官更好地作出明智的目标选择决策,快速抓住打击时机,汇聚打击效果。

虽然营很少独立组织目标工作,但他们对旅取得战术成功起着重要作用。旅应用组织目标瞄准过程来同步效果,并在关键地点快速打击敌人,确定有利的兵力比例,为持续扩张战果创造条件。为实现这个目标,旅应利用作战框架将火力和效果集中在己方部队可能接敌线的前方。

作战框架从旅到战区陆军是单一纵深通道。一经确定,旅将划定后方、近距离和纵深区域，以描述己方部队在时间、空间和作战目的上的实际部署情况。这为旅目标小组提供了工作重点，并要求指挥官和参谋人员检查其部队和指定支援人员的能力和作战范围。一旦应用，旅就会制订并实施有利于作战运用、及时和效果同步的措施，掌握指定传感器和射击器的性能和局限性，明确部署所需信息。

图 3-1 中所示为旅级作战框架，用灰色突出显示了旅级目标瞄准工作，并用不同灰度标示其他层级部队的作战区域，表示他们不在旅的责任范围内。尽管不在旅的责任范围内，但仍在旅的关注区域内，旅目标工作组应注意其他层级部队作战区域内可能影响旅作战区域的活动。

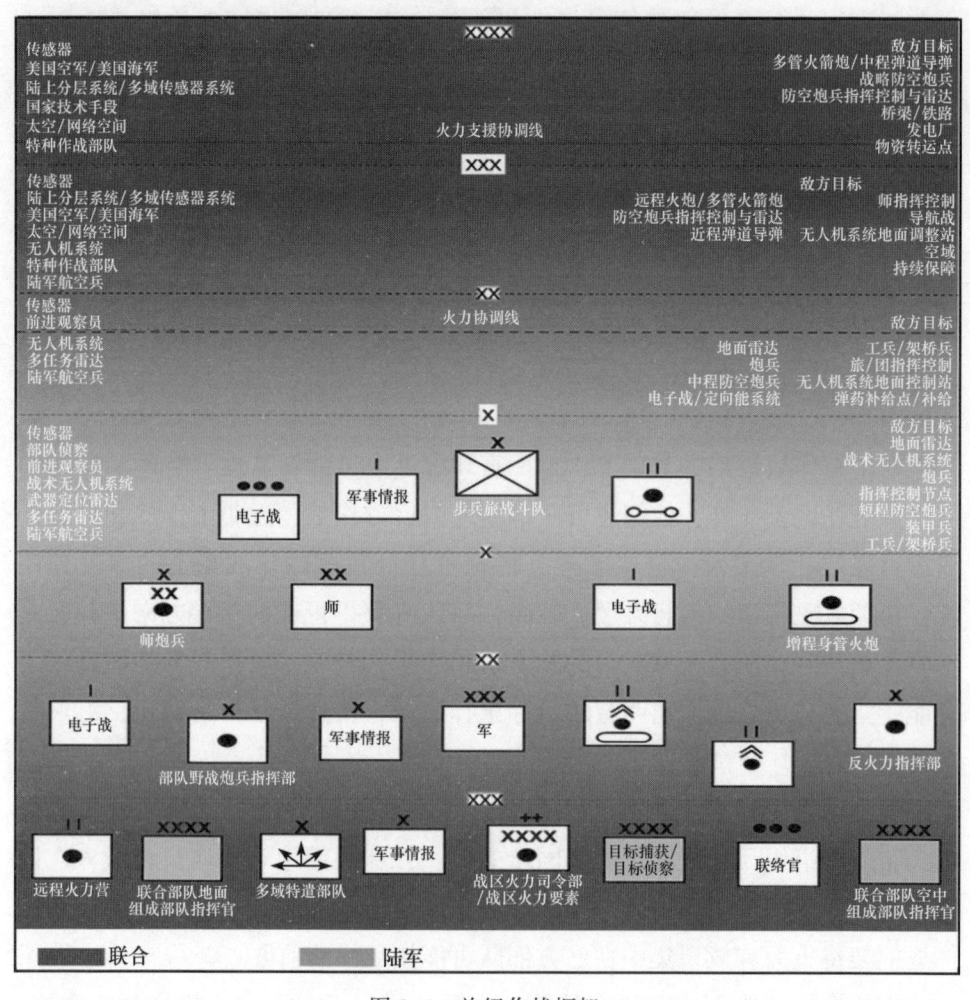

图 3-1 旅级作战框架

3.3.2 作战职能

旅引用师的目标成果，融入上级指挥部计划，达到节省时间的目的。这并不妨碍旅参谋部发挥固有的目标工作功能，实现指挥官意图。与作战职能相关的文件会对下列功能和成果进行具体阐述，例如，生成高回报目标清单，生成进攻指导矩阵，制订目标选择标准，通过目标工作制订统筹信息收集计划，生成目标工作统筹矩阵，向上级指挥部提名目标，将预期效果融入机动方案，整合、统筹所有目标工作组要素（目标工作行动节奏），接收、评估战损评估文件。

3.3.3 作战计划

D3A 程序是军事决策过程的重要组成部分，而目标工作本身就是一种计划职能。目标工作从接受任务开始，贯穿执行作战命令和评估活动过程。由于旅级战场作战节奏快，环境瞬息万变，因此目标工作小组在目标工作过程中面临诸多挑战。旅编成内可用侦察资产有限，目标机动性强，计划时间有限（计划主要侧重于未来 24~48 小时内的行动），须利用配属骑兵中队的全天候地面侦察能力，对旅纵深作战目标实施侦察和打击。

对目标工作计划的统筹、实施和评估是落实目标工作的关键。目标工作小组须参与军事决策过程的所有步骤，了解作战环境内所有主体的目标、意图、优势、劣势，就能最大限度地利用所有可用手段来达到预期效果并完成任务。随着军事决策过程向前推进，目标工作的重点越来越多地集中在指挥官的指导和意图方面。

完成命令制订后，战场上取得胜利的关键是演练，能够实现火力支援与机动同步进行，其中，演练需要给技术（战术）分配相应的时间。经过演练，观察员、传感器操作员、进攻系统管理员及其所支援的机动部队可进一步理解火力计划。

3.3.4 同步战斗日程

在支援机动方案中，战斗日程是统筹作战职能的关键。研究战斗日程有助于参谋人员协调重要目标工作职能，落实指挥官的指示。同步指在时间、空间上所部署的军事行动能够在关键时间和地点达成目标，形成最大的相对战斗力。

战斗日程是司令部和参谋的活动周期，明确了指挥部内各种行动和活动的结构与顺序，由支撑所有决策周期的信息流和信息共享进行调节，旨在统筹当前和后续行动。战斗日程由一系列会议、简报、工作组、委员会和其他活动组成，对这些活动的合理安排可为跨职能团队、上级指挥部、指挥官决策周期提供支撑。

战斗日程的基本功能包括但不限于：为指挥部内工作人员的互动和协调提供例行程序；为指挥官和参谋人员的互动提供例行程序；协调参谋人员组织的活动；为参谋人员会商、制订计划和指挥官决策创造便利。

1. 战斗日程相关活动

目标工作组和目标协调委员会是关键环节，应与旅级战斗日程有效整合，并融入上级指挥部目标工作周期内，以确保工作能够突出重点，而不会干扰行动。在目标工作组和目标协调委员会之间应保持适当平衡，并分配足够的时间来召开会议、贯彻上级指示、开发或调整成果以及进行人员调配。因此，还需要有足够的时间让支援工作组（负责信息作战、情报工作、网络空间电磁活动）为其活动生成输入信息清单。任务编组变更、信息收集计划修改、超出编成内能力的目标提名、空中支援请求、部队空域计划、高回报目标清单变更以及与信息相关的任务，都须在目标工作组掌握了准备时间和执行时间之后进行。对于目标工作组来说，这个过程贯穿于整个行动。

目标工作组各项会议的时间安排尤为重要。虽然旅目标工作组会议的内容围绕的是 24~48 小时的行动，但旅级资产的使用必须提前计划（如目标提名和空中支援请求），并考虑师、军、战区陆军和联合空中任务分配周期。指挥官必须根据行动进展情况选择目标工作周期。如果有需要，这些周期可间隔 6~12 小时。旅火力支援官还要制订旅火力支援分队目标工作的战术策略，以便相关的火力支援、信息作战和电磁战活动能在旅战斗队和更高级部队的目标提名时间窗口内完成。

目标工作组会议的次数和频率根据战斗日程、行动节奏或指挥官指示而有所不同。在火力支援分队加强下的先头目标工作组，可确保火力效果符合旅长的指示和意图。旅火力支援官、火力支援分队计划人员和目标工作小组对正在进行的目标工作进行评估，确保上级指挥部处理对其提名目标的空中支援请求，以满足师、军、战区陆军和联合特遣队的目标工作时限要求。目标工作协调委员会通常更正式，主要负责向指挥官通报最新情况，获取新的指示、上级指挥部对计划收集和相关目标工作行动等的批准。目标工作组和目标工作协调委员会的会议应尽量缩短所需时间，以提供目标工作信息、最新情况、建议和决策。

2. 目标工作组

目标工作组由预先确定的、参与目标工作的人员代表组成，他们开会进行分析、协调、更新作战职能和不间断研判等，以同步目标工作活动，并在目标工作协调委员会会议上向指挥官提出备选方案。目标工作组会议不是简报会，该会议结构议程固定，按照主题组织讨论，所有参与者都参与讨论并提出各自建议。

组建目标工作组之后，旅参谋部不同成员可集合起来，同步目标工作流程，并批准更改目标工作成果。目标工作组集中统筹旅的战斗力和资源，以锁定并打击高回报目标。目标工作组通常由下列人员组成：旅火力支援官（工作组主席或负责人），旅作战参谋，旅情报和目标工作军官，旅防空、空域管理和旅航空兵分队代表，战斗航空兵旅火力支援官或目标工作军官，旅军法官，野战炮兵营作战与情报代表，机动营、侦察中队和任务编组工兵部队（如有）派遣的火力支援分队代表或联络官，空中联络官或战术空中管制组代表，电子战军官或代表，网络空间电磁活动代表和民事官员。必要时，其他参谋人员可向指挥官、作战参谋或火力支援官提供有关信息，并提出建议。

3. 目标协调委员会

目标协调委员会是由预选人员代表组成的临时小组，他们被授予特定目的或职能的决策权，可就目标工作决策向指挥部提出建议并等待结果。同步进行的目标工作流程或活动可以由该委员会批准。目标协调委员会通常包括旅长（主持委员会工作），旅执行官（经常被委派来担任委员会主席），旅级作战军官，旅情报官，火力支援协调官，旅火力支援官，目标工作官员（领导或加强成员），防空、空域管理和旅航空兵部队代表，战斗航空兵旅火力支援官或目标工作军官，反火力军官，旅军法官，野战炮兵营作战与情报代表和机动营、侦察中队和任务编组工兵部队（如有）派遣的火力支援分队代表或联络官，空中联络官或战术空中管制组代表，电子战军官或代表，网络空间电磁活动代表和民事代表等。

必要时，其他工作人员也可在场并向指挥官、作战参谋、火力支援协调官或火力支援官提供相关信息，并提出建议。

4. 旅火力支援分队

火力支援分队是旅和营目标工作架构的核心，必须同时关注杀伤性和非杀伤性效果。火力支援分队的主要目标工作职能如下：与信息官、民事官、公共事务官和旅法官合作，将信息相关能力各方面纳入旅的目标工作。在与旅情报官、军事情报连长（视需要）和侦察中队制订信息收集计划期间，火力支援分队向作战军官提供信息，以协调传感器的任务分配，从而侦察目标；同时管理旅目标工作，促进协调委员会的工作；协调攻击目标的核准工作（火力核准）与评估。

担负杀伤性和非杀伤性任务的分队各自向旅目标工作组会议提出建议，并根据决策展开工作。各分队利用基本指挥所可用的侦察和监视资产，计划统筹旅作战的火力效果和非杀伤性效果。

5. 营火力支援分队

机动营和侦察中队的火力支援机构为各自指挥官提供支援，同时也与旅火力支援分队密切协同。由于不具备独立开展目标工作周期的能力，因此营需加入旅目标工作组，开展同步工作。

机动营和侦察中队各由一个火力支援分队提供支援，每个侦察中队可能有一个空军战术空中管控组。火力支援小组通过提名和深入明确目标信息来参与目标工作。

6. 旅情报支援

编成内情报小组和军事情报连提供旅战斗队的情报支援。借助军事情报连的力量，情报小组为旅战斗队指挥官、参谋人员和所属部队提供及时、密切、准确和同步的"情监侦"支援（包括查明目标、侦察目标和战斗评估）。旅战斗队中的大多数情报人员被分配到军事情报连，但在作战期间听从旅情报参谋的指挥。旅战斗队军事情报连由旅情报支援分队、信息收集排、空中气象参谋、电子战排和战术无人机系统排组成。军事情报连长负责对战术无

第3章 野战炮兵旅目标工作

人机系统排和电子战排进行指挥、控制和协调,电子战排则具备信号情报(SIGINT)和电子战、应对目标威胁等多种能力,从而支援己方部队的机动计划。

旅情报支援分队在分析、查明目标的基础上,提出高价值目标。该分队负责支援制订旅情报收集计划、支援旅目标工作、整合情报架构、明确目标工作优先级别,并协助旅战斗队情报参谋统筹"情监侦"工作和管理情报收集活动。

信息收集排开展多种情报收集工作:收集信号情报支援电子战和目标工作、收集人文情报支援被拘留者行动、对人文情报(由作战管理小组负责)和信号情报/电子战情报(由技术控制和分析小组负责)进行技术控制等。技术控制和分析小组为信号情报收集任务创建目标情报文件夹,并就行动打击目标向指挥官提出建议。技术控制和分析小组的信号情报收集队负责信号情报的收集、利用和有限分析,从而侦察、跟踪、定位目标。

电子战排通过预警和指示、定向无线电频率和定位敌方发射源的地理位置等工作,支援信息的收集,电磁频谱的侦察、整合和多源分析。电子战排的电子支援任务包括电磁侦察、威胁预警和定向。

战术无人机系统排负责维护和执行飞行操作,确保旅编成纵深内的信息收集资产随时可用。飞行操作既要就己方部队空域因素与旅航空兵部队协调,也要就敌人对飞行系统及飞行计划的威胁与旅情报支援部队协调,以支援其情报收集活动。战术无人机系统排还负责对敌方车辆进行初步战术识别,来支援目标工作。气象参谋人员负责天气预报,包括在未来3~4个目标工作周期内的天气数据及其对己方部队和敌军作战的影响。

第4章 野战炮兵旅任务、指挥与控制

本章的主要内容包括：野战炮兵旅的任务、指挥与控制活动；野战炮兵旅各指挥所的编组情况，以及各组成单位和要素的职能。

4.1 野战炮兵旅任务

野战炮兵旅的首要任务是实施军一级的打击行动，并加强师一级的造势行动。打击特指毁坏或摧毁目标或敌方某项能力的攻击行动。攻击指旨在消灭或击败敌军、夺占并扼守地形，或两者兼而有之的进攻行动。大规模地面作战行动过程中，野战炮兵旅在造势行动期间，为军提供集中火力毁伤效果的能力。

野战炮兵旅的任务编组可以将火力投送系统和传感器系统纳入其内，满足任务需求。整个野战炮兵旅或其部分下级部队可能会以配属部队的形式或置于作战控制之下的方式，被编入师、军、联合特遣部队或其他部队。配属关系是指将单位或人员临时配置在某个组织机构中。

野战炮兵旅所属各炮兵营完全有能力为联合部队、特种作战部队和其他联合部队提供直接支援。直接支援是一种支援关系，要求一支部队支援另一支特定部队，并授权其直接回应被支援部队的援助请求。

在联合部队指挥官或其他军种的控制下作战时，陆军组成部队司令部或陆军部队指挥官负责对野战炮兵旅实行行政管控。经联合部队指挥官或军长指定，野战炮兵旅可承担反火力指挥部之责，也可担负反火力任务。大规模作战行动是指投入大量兵力且作战范围广泛的联合作战行动，其目的是实现战役和战略性行动目标。

野战炮兵旅可充当军或联合特遣部队的部队野战炮兵指挥部，或联合特

第4章 野战炮兵旅任务、指挥与控制

遣部队、军或师的反火力指挥部。陆军国民警卫队的野战炮兵旅兼具双重职责，既担任陆军国民警卫师师长的部队野战炮兵指挥部，必要时也承担野战炮兵旅作战任务。师炮兵指挥部是部队野战炮兵指挥部，其指挥官是该师的火力支援协调员。师炮兵隶属于各师，负责为师提供火力支援。火力支援是指快速、持续整合地对地间瞄火力、目标侦察、武装飞机和其他杀伤性和非杀伤性攻击/投送系统，集火打击全域目标，从而为机动部队指挥官实现其作战构想提供支援。

隶属于军的野战炮兵旅，可以根据任务需要，编组多管火箭炮营和"海马斯"火箭炮营。陆军国民警卫队的野战炮兵旅有可能编组身管炮兵营、多管火箭炮营，或"海马斯"火箭炮营。

在野战炮兵旅这一级指挥部的支援下，上级或被支援指挥官能够为打击行动、反火力和火力部署制订计划、进行统筹并付诸实施，从而为总司令部整个作战地域内的决定性行动和造势行动提供支援。作战地域指由指挥官为陆上和海上部队指定的作战区域，其幅员应足以完成任务并保护部队。野战炮兵旅经过训练、配备人员、编组和列装装备后，可以协调使用并指挥陆军间瞄火力、联合火力和多国火力，支援旅、上级或被支援指挥部作战。

军长可以把野战炮兵旅旅长指定为火力支援协调员。火力支援协调员是战区、军、师、旅战斗队的野战炮兵高级指挥官、机动部队指挥官的首席顾问，负责在执行指定任务时计划、协调、整合野战炮兵和火力支援事宜。在执行目标工作流程过程中，火力支援协调员和军火力支援分队派遣的副火力支援协调员负责领导野战炮兵旅火力支援分队。军长也可能会将某个野战炮兵旅指定为部队野战炮兵指挥部。

4.1.1 担任部队野战炮兵指挥部

部队野战炮兵指挥部由被支援指挥官指定的营或营以上级别单位担任。被支援指挥官同时明确了指挥部的运行时长、岗位和职责。上级指挥官规定该指挥部的相应职责以及各职责的持续时间。以任务变量[①]为基础，各项职

[①] 英文：mission, enemy, terrain and weather, troops and support available, time available, and civil considerations, METT-TC，即任务、敌情、地形和气候、可供使用的部队和支援、可用时间及民事注意事项；又称任务变量。

责可以是简单的指导和技术监督，也可以是对建制内、隶属、配属给上级指挥部的野战炮兵部队的作战控制。如果野战炮兵旅被上级指挥官指定为部队野战炮兵指挥部，旅长可能会肩负起军火力支援协调员的职责。军火力支援分队的野战炮兵高级军官担任副火力支援协调员，并接受火力支援协调员的指导和指示。

在上述情况下，野战炮兵旅履行以下职能：就野战炮兵战斗编组，向指挥官提出建议；控制建制内、隶属、配属的野战炮兵部队，或为司令部提供作战控制或战术控制，实现对野战炮兵的统一指挥；协助火力支援分队拟制作战计划或命令中的火力部分内容；为上级指挥部所辖野战炮兵部队提供训练、技术监督和评估，并为下级野战炮兵部队指挥官和领导人员提供指导[①]；为本级司令部制订炮位雷达计划；为近距离支援接敌部队制订火力支援计划，并进行筹划实施，同时为打击、反火力、决定性行动和造势行动提供支援；为支援本司令部的陆军间瞄火力、联合火力和多国火力支援提供集中控制（在大规模作战行动中，当需要在多个相邻作战地域之间消除火力支援冲突时，集中控制方式对指挥官尤为有效；当非常规部队需要专门的、全天候火力和火力支援协同时，对提供支援的陆军和联合火力支援进行集中控制同样有效）；配合总司令部的作战助理参谋长和火力支援分队，计划、协调和执行上级指挥部分配给本司令部的火力支援任务（还包括协助制订火力支援计划；在越线换班期间接受或移交火力打击控制权；为外部机构协调打击和反火力提供单一联络点；为非建制野战炮兵单位和本司令部下级单位协调火力支援保障）；参与指挥官的目标工作流程；对敌防空压制，以支援联合和陆军攻击航空兵作战。

通过指定部队野战炮兵指挥部，指挥官可以在必要时促进野战炮兵火力的集中，从而改进对部队火力支援的集中控制。这有助于根据需要计划和快速转移火力支援力量，加强决战行动或主力部队，还能为下级野战炮兵资产提供及时的协调和支持。

---

① 注：监督岗位和职责范围必须由当前部队指挥官指定，以确保各相关部队合作协调、完成任务、达成目标。

第4章 野战炮兵旅任务、指挥与控制

4.1.2 承担加强任务

一个野战炮兵旅可能会受命加强给另一个野战炮兵旅，前提是被加强的野战炮兵旅正在担负部队野战炮兵指挥部之责；一个野战炮兵旅也可以受命加强一个师炮兵。在这种加强任务中，野战炮兵旅的任务是加强另一个野战炮兵指挥部，为被支援司令部提供额外的火力打击能力。在加强师炮兵时，野战炮兵旅的作用是提供师建制内没有的火力资产，包括用于师反火力和造势行动的远程火力、加强旅战斗队的火力，以及师炮兵缺少的通信和后勤控制资产。国民警卫队野战炮兵旅的配置完美地贴合这一任务，因为他们同时编组火箭炮营和身管火炮营、旅支援营和通信连。

提供加强的野战炮兵旅也可以担任被加强野战炮兵旅或师炮兵的反火力指挥部。在集中控制作战时，野战炮兵旅承担控制被加强部队炮位雷达作业的任务。

4.1.3 担负反火力指挥部

反火力指用来摧毁或压制敌人武器的火力，包括反炮兵火力和反迫击炮火力。反火力作战通过对敌人的间瞄火力系统进行火力打击而发挥作用；其目的是通过压制、瘫痪或摧毁敌人的间瞄火力武器系统，保护己方部队、战斗功能和设施不受敌人间瞄火力的威胁。反火力作战还被用于打击敌人的指挥与控制、弹药、后勤和目标捕获能力。反火力作战是以夺取火力优势为目的的多兵种合成战法的必要组成部分。

在大规模作战行动中，各高级战术部队指挥官负责其作战地域全纵深的反火力作战。军或师指挥官可以将反火力指挥部的任务指派给野战炮兵旅、师炮兵或独立的野战炮兵营。必须为反火力指挥部分配必要的资产，以实施反火力战斗。在大规模作战行动中，应为军分配两个野战炮兵旅，一个用作反火力指挥部，另一个用作部队野战炮兵指挥部。反火力指挥部要与上级指挥部的情报助理参谋长进行协调，将反火力信息需求纳入信息收集计划，并确保计划包括需要信息的人以及信息有效性最近确认时间，以便以积极主动的方式将所有可用资产整合到反火力战斗中。

反火力指挥部的职责包括：计划和协调传感器管理；可能需要借助陆军

信息收集资产，以定位并准确瞄准敌人的间瞄火力系统；建立反火力关心地域；基于模式分析管理炮位雷达区域，以支援反火力作战；就反火力投送系统的位置配置提出建议；编写火力附件中的目标捕获选项卡；就如何促进许可性火力提出反火力技术建议；通过师或军的火力支援分队参与目标工作流程；使用"阿法兹"系统和联合自动化纵深作战协调系统（JADOCS）建立反火力任务中的数字和语音通信程序及通信架构。

在敌方与己方部队交火之前，野战炮兵旅通过瞄准特定敌方间瞄火力系统，包括其指挥控制、传感器、平台和后勤系统，实施主动反火力打击。主动措施包括区域管理、空域管理、场地分析和阵地生存能力等考虑事项。主动反火力打击过程从确定目标开始，并在整个作战过程中持续进行。情报助理参谋长和目标工作军官预估敌人会在哪里部署间瞄火力打击力量，确定具名关心地域和目标关心地域。具名关心地域是一个地理空间区域或系统节点（链接），可以据此收集满足特定信息需求的信息，通常用于获取涉及敌方行动方案的各种征兆。目标关心地域是指己方可以获取和打击高价值目标的地理区域。

主动反火力的目的是经由识别、定位和攻击，在敌人的攻击能力威胁己方作战行动之前予以消灭。火力支援人员可以根据火力支援协调措施快速协调和打击反火力目标。火力支援协调措施经指挥官采用，旨在实现快速打击目标，同时为己方部队提供安全保障，预防误伤。

通常野战炮兵旅和空中遮断投送平台负责遂行大部分的主动反火力任务，利用目标捕获资产捕获并瘫痪敌人打击能力中的进攻要素。目标组合可能包括下列对象：身管火炮、火箭炮、导弹发射装置、既设发射场、炮兵弹药储存设施、射击指挥中心、反炮兵雷达、前进观察员、固定翼或旋转翼机场，以及火力支援通信基础设施。必须同步和整合信息收集资产，以准确定位目标，并为专门用于打击敌方整个火力支援系统的攻击和投送力量修正火力。

实施主动反火力打击的考虑因素包括：确保所有可用的炮兵单位参战；整合所有可用的联合火力支援攻击和投送系统；协调借助陆军和联合信息收集资产的力量，定位并准确瞄准敌人的间瞄火力系统；在多管火箭炮或"海马斯"火箭炮和身管火炮野战炮兵营情报机构之间建立数字接口；最大限度

第4章 野战炮兵旅任务、指挥与控制

地利用许可性火力支援协调措施，快速核准火力打击任务（例如，在防御中，可将己方协调火线设置在己方部队附近，以便实现快速打击）；管理禁止射击区以保护特种作战部队、远程监视分队、侦察队等；核准火力打击任务时，最大限度地利用打击效果管理工具；建立雷达火力呼唤区。

被动反火力则负责在捕获敌人的间瞄火力武器系统后，提供间瞄火力和联合火力，立即予以瘫痪、摧毁和压制。在接敌过程中或在敌方打击己方部队之后，火力支援系统立即对敌方火箭弹或炮兵火力作出响应。响应性反火力通常需要具备快速响应能力，以获得最佳效能——建立快速火力通道能增强响应性反火力效能。

为了获得更多的行动自由，防护被支援机动部队指挥官，反火力必须摧毁或瘫痪敌人的射击器、炮位雷达以及辅助的指挥控制、通信、运输和后勤设施。为了实现这一点，各单位必须合理运用所有可供合成兵种战斗队使用的反火力能力，对情报和目标捕获资产加以周密计划和协调，快速、准确地定位敌人的火力支援资产。

4.2 指挥所

美军野战手册FM 6-0将基本指挥所、战术指挥所和早期进入指挥所进行了如下定义：基本指挥所是容纳大多数参谋人员的军事设施，旨在指挥当前作战、详细分析和制订后续作战计划；战术指挥所是一种军事场所，目的是在有限时间内控制部分作战行动；早期进入指挥所是指挥机构的先头要素，在该指挥机构的其余部分部署到位并投入作战行动之前控制作战行动。

4.2.1 编组情况

指挥所是一个作战单位的司令机关，指挥官和参谋在这里开展活动。野战炮兵旅各指挥所经编组和人员配备后，可以在指挥官完成任务时为其提供支援。除了直接控制当前作战行动之外，野战炮兵旅基本指挥所还可执行远期计划、分析、保障、协调等其他辅助功能。

应根据作战单位标准作业程序、任务变量、指挥官意图和上级指挥部指令，明确24小时运转的野战炮兵旅指挥所的配置。《编制和装备表》授权的

指挥所设施、人员和设备经配置后可以为指挥官指示提供支撑。

4.2.2 基本指挥所

野战炮兵旅基本指挥所是野战炮兵旅的主要指挥场所。它主要执行后续计划工作、分析当前和后续作战、协调维持行动和担负其他参谋职能。基本指挥所的参谋人员在执行官或作战参谋的全面监督下开展工作。基本指挥所是完成野战炮兵旅计划和协调工作的主要指挥所，可以计划、指导和监控野战炮兵旅的所有行动，与上级部队和友邻部队协调，对信息和情报进行深入分析，并向野战炮兵旅旅长提出建议。基本指挥所可以协助指挥官控制身管火炮、火箭炮和导弹发射系统以及其他火力支援资产（如监视、侦察和目标捕获资产）。指挥所的功能旨在监控和跟踪发生事件，并协助和支持指挥官制订任务计划、准备和成功管理整个军事作战行动范畴内的所有行动。

关键职能包括：与上级部队、友邻部队和下级部队保持联系和协调；针对后续作战调整当前作战计划和作战命令；接收、分析和分发战术信息（横向和纵向）；保持态势感知；请求并同步机动增强和保障；协调资源并向指挥官提出建议；协调火力支援；进行评估；向负责所需空域的上级指挥部提交计划好的火力支援空域控制要求（包括监视、侦察和目标捕获资产）；协调并部署对接联络官，向战术指挥所提供后援能力。

1. 指挥所小组

指挥所小组是指一组按作战职能或计划工作周期编组的人员和设备，以便于执行任务指挥。指挥所小组分为两种类型：职能小组和整合小组。

职能小组按作战职能对人员和设备进行分组；整合小组则通过对人员和设备进行分组，整合作战职能小组的活动。小组通常由《野战炮兵旅编制与装备表》中规定的人员组成。将基本指挥所的单个要素（要素组合）或从这些要素中选择的人员进行合并，即可组成野战炮兵旅当前作战小组和所需的计划整合小组。

2. 职能小组

职能小组按作战职能协调和同步兵力和活动。基本指挥所内职能小组可以进行扩展，以便在必要时适应参谋人员的扩编。基本指挥所内作战职能小组的布局应便于参谋人员在基本指挥所内的小组和要素之间活动，或者在战术指挥所和基本指挥所之间展开活动。基本指挥所内可能有一个或多个协调参谋、特业参谋或侍从参谋科室，这些科室独立于基本指挥所的小组和要素。

统筹小组按计划工作周期进行编组，在指定的计划工作周期内协调、同步兵力和作战职能，包括计划统筹小组、后续作战统筹小组和当前作战统筹小组。野战炮兵旅不为后续作战统筹小组提供资源。

3. 计划和后续作战统筹小组

虽然没有配备具体的资源，但指挥官可以根据需要指导后续作战小组的组建。作战参谋、火力支援官或指挥官指定的其他关键参谋可以领导计划或后续作战小组。计划或后续作战统筹小组启用后，负责制订中长期时间范围内的作战计划。它可以根据上级部队的命令、当前作战的预期结果和野战炮兵旅旅长的指导，制订计划、命令、分支计划和后续计划。

计划和后续作战统筹小组通常由一组指定的核心计划人员和分析员组成，这些人来自基本指挥所职能小组的各要素，可根据任务计划需求进行扩编。所有参谋科室可以根据需求提供协助。执行官或作战参谋可以根据计划和后续作战统筹小组完成其职能过程中所需的需求信息、输入信息或责任分摊，将具体工作分配给基本指挥所的其他小组和要素。

4. 当前作战统筹小组

基本指挥所当前作战统筹小组负责监控整个野战炮兵旅、上级和被支援指挥部在作战地域内的作战行动。当前作战统筹小组要维护通用作战图，与上级部队、下级部队和友邻部队协调，分析信息，并向野战炮兵旅旅长提出建议。野战炮兵旅作战参谋负责领导当前作战小组。根据任务变量，指挥官或作战参谋指示作战职能小组的参谋人员为当前作战统筹小组调配人手。执行官或作战参谋可以根据当前作战小组完成其职能过程中的需求信息、输入信息或责任分摊，将具体工作分配给基本指挥所的其他小组和要素。

基本指挥所的编组要有助于工作和安全，理顺车流管理，并善于利用掩护和隐蔽。由于基本指挥所没有配备能在运动中执行指挥或控制的建制内设备，因此必须在驻止模式下作业。目前在资源充足的基本指挥所中占资产的50%，具有机动能力，需要通过建制内的运输资产运输两次来完成转移。详细的内部参谋标准作业程序（由每个野战炮兵旅制订）规定了指挥所的配置和指定人员的职能，用于临时和长期作业。

4.2.3　配置基本指挥所

配置野战炮兵旅基本指挥所的主要考虑因素包括：通信能力、持续控制下级部队和支援部队的能力、生存能力、可达性以及与上级指挥部之间的距离。野战炮兵旅旅长根据上述因素和战术指挥所的使用计划，来确定基本指挥所的最佳位置。当部署到作战地域时，基本指挥所通常位于敌人监视风险和远程间瞄火力打击风险低的区域。

基本指挥所依靠其语音和数字通信能力来控制其分散的要素并接收报告。其通信能力使它能够在上级或被支援指挥部作战地域内的任何位置进行配置，并与其上下级或被支援指挥部保持联系。野战炮兵旅的基本指挥所通常位于上级指挥所的数字通信范围内。由于野战炮兵旅通常未划分作战地域，因此必须协调基本指挥所的位置，以实现地形管理和安全。应提前计划好基本指挥所的转移工作，以便在战斗的关键阶段保持就位状态。在许多情况下，由于战场范围扩大给作战带来严重的通信挑战，因此必须将这种挑战纳入配置决策中。

4.2.4　战术指挥所

野战炮兵旅战术指挥所的《编制与装备表》不支持组建战术指挥所的人员或设备，因此他们由野战炮兵旅建制资产提供。对野战炮兵旅旅长来说，战术指挥是基本指挥所的延伸，用以帮助控制作战行动或特定任务的执行。由于战术指挥所仅配备完成指定任务所需的官兵和设备，因此战术指挥所依靠基本指挥所执行计划、展开详细分析和协调。

战术指挥所组建预备指挥所的时机：当基本指挥所转移时，或者当指挥官必须远离基本指挥所进行部署时，又或者当任务需要第二个指挥所控制作战行动时。战术指挥所配置的特点是人员精干、高度机动、靠前部署。作战参谋通常负责战术指挥所。战术指挥所一般配备以下人员：作战参谋，当前作战军官（通常是作战参谋的助手），情报参谋（通常是情报参谋的助手），从野战炮兵旅基本指挥所的情报、火力控制、作战和反火力、目标确定、火力、空中支援、信息作战和防空空域管理等要素中选出的人员，特定作战所需的基本指挥所分队的其他领域代表人员（例如，从维持保障分队中选出的人员）。

4.2.5 早期进入指挥所

早期进入指挥所通常包括基本指挥所成员以及额外的计划人员、情报分析人员、联络官和其他必需人员。在应急行动期间，野战炮兵旅可以编组自己的早期进入指挥所，以对下级单位进行临时控制，直至将一个功能齐全的基本指挥所部署到作战地域内。通常情况下，其具体设计根据任务变量而定，可能因部署而异。当野战炮兵旅及其上级指挥部部署在不安全区域时，早期进入指挥所控制所有参加当前作战行动的单位，并履行实施战术行动所需的关键指挥控制职能。

早期进入指挥所要为上级或被支援指挥部的作战行动协调火力支援，同步后续野战炮兵旅部队进入作战地域，并将其分阶段投入到上级或被支援指挥部的战斗中。它还可以开始为后续作战（分支行动和后续行动）制订初步的计划。在野战炮兵旅地面建制内部队、隶属部队和配属部队，与常驻地部队和上级指挥部之间的早期部署中，它可以充当野战炮兵旅的控制链接。早期进入指挥所可以持续发挥此作用，直到剩余的野战炮兵旅指挥控制系统到达。条令规定的惯常职能在基本指挥所各单元和元素到达并准备承担这些职能时进行移交。野战炮兵旅火力支援分队或基本指挥所可以在军调动时承担军基本指挥所的职责。

4.3 指挥所职能要素

在作战中，有效的指挥与控制需要参谋部门内部进行持续的密切协调、同步和信息共享。为了促进这一点，各指挥官在各自指挥所及其单元中可跨职能编组参谋部门的各种要素。

4.3.1 旅部和旅部连

旅部和旅部连在连长的领导下，负责提供和计划基本指挥所的运输、安全、保障和安置。旅部和旅部连除关注基本指挥所内士兵的健康和福利，并协助装备和车辆的使用和维修外，还担负其他职责：为基本指挥所和战术指挥所提供局部防御计划和警戒，为基本指挥所和战术指挥所提供后勤生活保障和维护，与作战参谋、基本指挥所或战术指挥所协调运输问题，勘察基本指挥所和战术指挥所位置，协助指挥所其他科室搭建各种系统。

4.3.2 情报小组

情报小组由情报参谋领导，包括一个情报和目标查明处，以及一个地形信息和服务分排。情报和目标查明处的工作重点是监督情报和协调信息收集保障，以便为野战炮兵旅的作战行动确定目标。

信息收集资产收集的各种信息会促使情报数据库不断更新。数据库会生成目标提名，并将其以数字方式传输到"高级野战炮兵战术数据系统"中进行任务处理。对敌军火力、作战职能和设施的评估会产生额外的情报。

1. 目标工作班

目标工作班负责协助拟制情报成果（如不间断判断报告、附件、附录和模板等）以及用于野战炮兵旅所有计划和命令的其他情报输入信息。不间断判断是指对当前情况的持续评估，用于确定当前作战是否依照指挥官的意图进行，以及是否支持有充分计划的后续作战。

目标工作班直接负责制订和协调情报附件；并为野战炮兵计划和命令中火力附件的目标确定部分和野战炮兵支援部分的选项卡（目标捕获）提供信息。这包括制订雷达部署命令、执行矩阵，确保相关雷达部署命令指定雷达部署位置并包括提示程序。

目标工作班及其人员的职责包括：收集、分析和传播战斗信息（在敌对地区，情报要素需要持续开展行动）；为目标工作提供情报支援；根据野战炮兵旅旅长的高回报目标清单和攻击引导矩阵，进行目标价值分析，以确定目标选择标准、高价值目标和目标工作数据；为野战炮兵旅作战参谋和火力支援部队的防空空域管理分队制订地面和防空计划提供信息；通过确定捕获系统的精度、相关目标位置误差和目标的预期停留时间，协助制订目标选择标准；为确定指挥官关键信息需求提供支撑，特别是优先情报需求。

2. 地形信息和服务班

地形信息班的职责包括：通过生成综合障碍物和相关地形分析透明图，

第4章 野战炮兵旅任务、指挥与控制

为野战炮兵旅战场情报准备（IPB）提供支持；确定可见区域渗透路线；确定着陆区；确定空投区；进行掩护和掩蔽分析；通过分析为火力支援分队和目标查明处提供支持；确定交通路线；确定瓶颈点；确定接近路和障碍物；通过拟制目标文件夹，为情报小组的情报班和目标工作小组的目标工作班提供支持；根据要求向野战炮兵旅下级部队和支援部队提供地形成果。

4.3.3 作战与反火力要素

在作战参谋的领导下，作战与反火力要素控制野战炮兵旅整体作战，包括实施反火力作战（野战炮兵旅被指定为反火力指挥部）。该分队配备了足够的人员，以便在配置战术指挥所时，指定的人员可以与战术指挥所一起靠前部署。如果作战参谋不在基本指挥所而在战术指挥所内，或者与作战参谋的通信中断时，就必须让作战军官承担领导职责。

作战和反火力要素负责跟踪、记录并掌握野战炮兵旅所有资产的进展和态势，其职责包括：实施火力打击以支援上级或被支援指挥部的当前作战（包括在本单位作战地域内作战的特种作战部队）；计划、协调和控制野战炮兵旅的战术行动；充当部队野战炮兵指挥部的指挥网控制台；监控上级或被支援指挥部的战术情况；维护旅的通用作战图；接收和分发交战规则、火力支援协调措施、机动图形和其他态势感知信息；向其他参谋科室提供计划内、当前、待定或变更任务的数据；协调测量和气象要求；向指挥官推荐后勤保障优先事项；整合太空力量以支援野战炮兵旅的任务；配置隶属的和配属的炮位雷达、气象部门和支援的火力支援相关单位，包括使用"阿法兹"系统分发野战炮兵旅情报科准备的雷达部署命令。

下列各项职责也需要作战与反火力要素来承担：维护、更新下级部队和被支援部队相关信息以及数字和语音状态；监督建制内和扩编的目标捕获资产的作业；就野战炮兵旅（控制司令机关作战地域）区域内的炮位雷达搜索区提出建议，并进行协调；推荐一个己方关键区和火力呼唤区；确保对下级和野战炮兵与目标捕获资产的战术火力控制；为野战炮兵旅的所有编组整合数字火力、网络化火力体系结构和战术标准作业程序；监控上级指挥部火力支援计划中火力打击的处理情况；与各单位协调批准所有火力打击；维护并更新当前活动的禁止火力打击清单；维护野战炮兵和目标捕获资产的数字链

接；跟踪并掌握近距离空中支援态势；跟踪并掌握海军水面火力支援态势；请求上级提供评估报告；确保接收并处理火力任务报告和炮兵目标情报报告；执行火力打击计划，以支援特种作战特遣部队。

作战与反火力处负责协调野战炮兵旅所有标准作业程序，以及计划和命令的制订、发布和传播。作战与反火力要素直接对作战参谋负责，制订和协调野战炮兵旅计划和命令中的以下附件：任务编组、作战、作战中的太空作战部分、防护（如有需要）、工兵、民事行动、信息收集等。

1. 火力控制分队

野战炮兵旅火力控制分队可以通过控制野战炮兵的战术火力打击，来支援当前的作战行动。它通过带有人工备份的自动化指挥与控制系统控制战术火力。

野战炮兵旅的火力控制分队职责包括：控制由野战炮兵旅控制的已分配野战炮兵营火力；根据需要请求其他系统攻击目标；维护野战炮兵旅编成内所有火力支援编组的数字式火力打击体系，并保持与师、军或联合特遣部队的联络；监控和运行野战炮兵旅编成内的火力指挥与火力支援协调网；根据作战参谋的指示，向下级或支援火力打击单位分发野战炮兵目标；基于指挥官的攻击指示分析攻击目标；将上级或被支援指挥部及野战炮兵旅旅长的攻击指示落实到所有火力打击任务请求中；确保所有旅级正确的指示和攻击标准输入数字系统，以便用于当前作战和计划充分的作战；适时协调被加强单位和加强单位的火力支援分队，以及信息收集资产针对火力打击任务处理程序，包括数字式火力打击任务路由和"高级野战炮兵战术数据系统"干预规则；按照野战炮兵旅旅长的攻击标准确定火力打击优先级，及时作出火力打击响应；根据需要向下级营射击指挥中心提供火力打击技术协助；在营射击指挥中心的技术射击指挥能力遭受灾难性损失时，对其展开协调技术射击指挥；确保所有火力打击任务都遵循当前的火力支援协调措施；协助作战参谋监控弹药消耗情况；如有必要，对攻击标准或其他战术射击指挥要求提出修改意见；确保野战炮兵旅和下属营满足精确火力打击的五项要求（准确的目标位置和大小、精确的火力单元位置、最新武器弹药信息、有效的气象信息，以及精确的计算程序）。

2. 火力支援分队

通过目标工作，火力支援分队要监督陆军间瞄火力、联合火力和非杀伤性能力的计划、协调、同步和整合。这包括（与作战参谋）同步针对敌人和敌方指挥控制节点的硬攻击和软攻击（信息作战活动）。

野战炮兵旅火力支援分队可位于野战炮兵旅或军的基本指挥所或战术指挥所内，以支援当前作战。野战炮兵旅基本指挥所可以为火力支援分队提供一个稳定的工作环境，便于后者指导和监控火力支援分队的作用发挥以及与指挥所所有其他要素之间的交互作业。对于同步火力支援，以及支援野战炮兵旅和上级指挥部的作战行动来说，火力支援分队与指挥官的配置至关重要。如果部署了指挥组，那么火力支援分队必须维护加密的远程语音和数字通信。火力支援分队的职责：协助师、军或联合火力要素确定目标；将被支援指挥官的意图和预期效果转化为特定目标、监视和目标捕获任务以及交战行动；与火力支援分队信息作战要素和旅军法官密切合作，确保野战炮兵旅作战行动符合交战规则和国际法。火力支援分队的职责与火力控制分队相同。

3. 旅化生放核分队

野战炮兵旅化生放核（CBRN）分队通常包括一名化生放核军官和一名化生放核士官。该参谋科室可以针对在化生放核环境中运用部队的能力，向指挥官提出技术建议，并监督旅化生放核编组的战备情况。化生放核参谋人员可以就配属或支援性化生放核部队的运用问题提出建议，并在确定目标时，针对支援反大规模杀伤性武器（CWMD）工作，向指挥官提供建议。

该参谋处要履行化生放核核心职能（如适用），重点包括以下关键具体任务：就化生放核威胁和危险向指挥官提出建议；就化生放核能力的运用问题向指挥官提出建议；针对敌方大规模杀伤性武器（WMD）的能力和对作战环境的残余影响等问题，向指挥官提出建议；制订化生放核单位的运用计划；针对化生放核的防护、缓解活动和培训制订计划，以支持指挥官的意图；管理该旅的化生放核警报和报告系统。

4. 防空空域管理/旅航空兵分队

野战炮兵旅的防空空域管理/旅航空兵分队主要负责与师级空域要素（当野战炮兵旅在师属空域内作战时）或军级空域要素（当野战炮兵旅支援军作战时）合作。防空空域管理/旅航空兵分队还负责制订和分发野战炮兵旅的防空计划，并提供空中态势图和预警等功能。

在制订计划的过程中，防空空域管理/旅航空兵分队是负责计划和协调间瞄地对地火力、防空与导弹防御及无人机系统等资产所用空域，并以此支援野战炮兵旅作战的主要参谋部门。防空空域管理/旅航空兵要素负责审查空域控制命令，确保其与野战炮兵旅的作战行动保持步调一致且相互之间不冲突。

防空空域管理/旅航空兵要素的职责包括：与航空兵、野战炮兵和其他主要空域用户代表协调空域；通过适当的控制机构消除空域冲突；与提供支援的防空炮兵单位计划和协调防空与导弹防御行动；与适当的空域控制机构合作，以紧前协调高空火力空域；维护防空与导弹防御及空域管理持续预判；为空域管理提供参谋支持；充当野战炮兵旅下级单位的空域管理联络点；根据师、军、空域控制命令和空中任务分配命令的火力需求提供与野战炮兵旅相关的信息；协调传感器和战术级数字信息链路的覆盖范围；就所有防空和导弹防御问题向野战炮兵旅旅长和参谋部提出建议；监视敌人当前的空中和导弹活动；提供威胁预警；跟踪己方的防空反导行动，内容包括部队配置、态势、覆盖范围、传感器计划、空中任务分配命令的变化、高优先级目标清单、空域控制程序（包括空域协调措施，ACM）、交战规则，以及可用防空导弹的数量和类型；协调防空与导弹防御的关键信息；提供无人机系统的态势感知；计划和协调防空与导弹防御的扩编问题；为野战炮兵旅计划和命令提供信息；负责由作战参谋制订和协调的野战炮兵旅计划和命令中的火力附件的防空与导弹防御部分内容；制订野战炮兵旅计划和命令中的作战附件的空域控制部分内容；负责通过防空系统集成工具（ADSI）"Shelter"将依赖战术数据链的联合文电信息纳入到野战炮兵旅指挥所的任务指挥系统的协调工作中。

5. 信息作战要素

信息作战是指在军事行动中，综合运用信息相关能力，与其他作战手段配合，影响、扰乱、破坏或篡夺敌人和潜在敌人，同时保护己方的决策。尽管信息作战的重点是影响敌人的决策，但它也影响所有作用于军事行动或受军事行动波及的行为者和受众的意愿和行为。为实现指挥官的意图，信息作战要素在火力支援官的指导下，负责同步信息相关能力的计划工作。信息环境中的目标需要经过精心挑选、确定和投送，他们是目标工作流程的一部分，并会被提名给目标工作委员会，以获得批准。

信息作战要素的职责包括以下内容。第一，制订信息作战方案以支持野战炮兵旅的作战构想、信息作战目标以及用于野战炮兵旅评估的绩效衡量标准和有效性衡量标准。可以通过后援获取必要的信息，掌握更多情况，从而支持野战炮兵旅作战，并在必要时提出扩编建议。扩编可以扩大供野战炮兵旅使用的资产范围。第二，与上级或被支援指挥部的信息作战、军事信息支援行动和公共事务人员协调，确保野战炮兵旅的信息作战与上级或被支援指挥部的信息作战保持同步。第三，保持相关能力系统的可用信息与野战炮兵旅作战行动之间步调一致，以完成任务并满足指挥官的意图。如果需要额外的信息相关能力，信息作战要素可以请求上级指挥部的支援或扩编。第四，通过分析敌方的行动方案、发现高价值目标，为信息收集计划提供与信息作战相关的信息，从而协助战场情报准备工作。第五，执行任务分析、制订行动方案（COA），并生成与火力支援持续预判有关的信息。第六，为野战炮兵旅的计划和命令提供信息。负责火力支援官和作战参谋制订和协调野战炮兵旅计划和命令中的信息作战部分内容。第七，作为参谋协调中心，协调野战炮兵旅在作战期间的信息和行动同步，以支持上级指挥部的主题消息。第八，协调网络空间的电磁活动，以便在网络空间和整个电磁频谱中夺取、保留和利用相对于对手和敌人的优势。第九，协调对信息环境和信息作战分析与评估的情报支援。

6. 当前作战单元

当前作战单元在作战参谋和火力支援官的指导下，同步火力支援（包括陆军间瞄火力和联合火力）的计划工作，以实现指挥官的意图。支援造势行动的攻击、反火力或火力的相关需求，并以任务指令的形式下达给野战炮兵旅。

例如，如果上级或被支援指挥部正在进行攻击，以夺取一个或一系列目标，那么野战炮兵旅可能会收到如孤立和削弱目标，或扰乱敌方增援等野战炮兵基本任务。

野战炮兵旅当前作战单元的职责包括：与情报参谋、情报与目标查明处协调，将火力支援目标工作要求纳入上级或被支援指挥部的总体监视和收集计划中；协助情报班和目标查明班分析敌方行动方案，确定高价值目标，并为情报计划提供基础信息；协调执行上级指挥部分配的野战炮兵基本任务；完成任务计划分析工作、拟制行动方案，并协调对火力支援展开不间断判断；为野战炮兵旅的计划和命令提供信息（火力要素直接对火力支援官负责，制订和协调野战炮兵旅计划和命令中的各部分内容，这些内容主要描述野战炮兵旅的作战的火力打击方案，包括野战炮兵旅计划和命令中的火力附件）；作为作战计划或作战命令拟制工作的一部分，为确定火力支援协调措施提出建议；将指挥官的意图转化为下级单位的具体任务和自动化系统的参数，以支持野战炮兵旅的作战；与上级指挥部的火力支援分队协调战术空域控制；为被支援指挥官服务，计划、请求、协调和执行联合火力打击；将配属或合作的统一行动伙伴整编到本旅的火力支援行动中。

7. 联络科

联络科对于确保军属火力支援分队、师属部队野战炮兵旅指挥部和友邻盟军部队了解野战炮兵旅能力和局限性至关重要。联络科的职责包括：与上级部队、友邻部队和被支援部队建立联络（根据需要）；在接到指示时，跨分界线交换数据并协调火力支援。

8. 人事科

人事服务是指与士兵福利、战备和生活质量有关的那些维持保障功能。人事服务通过计划和协调来为部队人员提供经济来源和维持保障，是对后勤工作的补充。

人事服务包括人力资源保障、财务管理、法律援助、宗教保障和乐队支持。人事科的职责包括：计划和运营人力资源活动；监控并报告与人力资源有关的己方部队信息需求和己方信息的基本要素；与保障旅或战区保障司令部的人力资源运营中心协调外部人力资源保障；从人力资源角度提出人事持续预判，并评估各种行动方案的可保障性；为人事服务、陆军卫生系统（AHS）保障、法律援助和宗教保障提供野战炮兵旅参谋监督；为野战炮兵旅计划和命令提供信息。人事科不仅直接负责编制、协调或生成人事持续预判所需输入信息，还负责接纳来自其他参谋人员的输入信息（例如，旅卫勤军官、军法官和陆军卫生系统牧师、法律和宗教保障部门等）并将其加入野战炮兵旅计划和命令。

9. 后勤科

野战炮兵旅后勤科的重点是协调野战炮兵旅作战所需的后勤保障。后勤科的职责主要涉及为野战炮兵旅开展各项后勤任务提供参谋监督，具体内容包括：维修、运输、供给、野战勤务、配送管理、作战合同保障、爆炸物处理与相关通用工程作业。

后勤科还负责为野战炮兵旅计划和命令中的后勤部分内容提供输入信息。后勤科负责制订保障附件中的后勤附录部分内容，并协助后勤参谋协调保障相关工作。

10. 通信科

通信科的工作重点突出那些有利于野战炮兵旅指挥所运转的任务，与上级部队、下级部队和友邻部队之间的通信，以及信息管理。其中包括与获取己方信息、管理相关信息以及指导和领导下级有关的各项任务。

野战炮兵旅的指挥控制系统对野战炮兵旅作战非常重要，包括通信系统、情报支援系统和计算机网络在内的信息系统构成了指挥控制系统的主干。通过指挥与控制系统，指挥官能够作出正确决策、授予权限和同步作战职能。此外，通过指挥与控制系统，指挥官即使在专注于当前作战的同时，也能够调整后续作战计划。

通信科人员应在指挥官意图的范围内开展工作，指导下级部队并控制资源分配。他们还要跟踪需要指挥官作决定的敌情和我情，并向指挥官提供建议。通过指挥与控制，指挥官启动并整合所有系统和作战职能，以完成任务。野战炮兵旅后勤参谋和通信参谋必须进行协同，以确保通信安全、计算机和其他专用指挥与控制设备的维修系统中没有漏洞。

通信科的职责包括：开发野战炮兵旅的战术信息网络和相关架构；根据通信能力，就指挥所的位置向作战参谋提出建议；评估野战炮兵旅指挥控制暴露在敌方行动中的弱点；基于满足带宽限制，针对野战炮兵旅网络优先级和限制提出建议；与野战炮兵旅通信网络保障连进行参谋协调；部署资产，使野战炮兵旅能够将其信息系统连接到国防部陆军信息网络；将野战炮兵旅的信息系统整合进指挥信息网络；计划并指导全球信息网格和野战炮兵旅网络之间的通信协议和用户界面；针对多国行动，提供电磁频谱协调，管理无线电频率分配和任务；确定野战炮兵旅计划和命令的内容，特别是要制订其中的指挥与信号部分内容和通信附件；为友邻和上级指挥部的通信参谋、通信助理参谋长（G-6）或联合参谋部通信系统处协调通信需求；整合野战炮兵旅的信息系统，以创建并分发通用作战图；存储相关信息；为野战炮兵旅和所有配属编组提供通信安全支持；负责与联合、跨机构、跨政府和多国机构之间的沟通；维护野战炮兵旅指挥控制系统中的某些特定部件；监督与通信有关的维护工作；计划并监督网络空间防御作战响应行动（DCO-RA）的实施。

11. 公共事务科

公共事务科的职责包括：在野战炮兵旅作战中计划、协调、整合和同步公共事务；确定公共事务需求，将公共事务纳入目标工作，并评估这些活动的有效性（包括协调加强人员比如公共事务团队和媒体人员等之间的工作并消除他们之间的冲突）。

12. 军法科

旅军法官领导军法科，为旅长和麾下指挥官提供法律咨询和援助。这包括与军事、行政、国家安全、合同和财政相关的法律建议。旅军法科可以协助旅和营参谋执行《战争法》中的国防部计划，并在目标工作过程中提供法律咨询。军法科还可以为野战炮兵旅参谋部和被支援指挥部立即获取作战法律专业知识提供保障，从而在野战炮兵旅作战中实现火力扩展。

13. 卫勤排

野战炮兵旅卫勤排负责协调针对陆军卫生系统保障和部队健康保障的支持。它根据需要为师或其他被支援指挥部军医科以及提供支援的卫勤单位和分队协调陆军卫生系统保障行动。

野战炮兵旅的卫勤军官可以为野战炮兵旅下级卫勤机构制订卫勤指导方针。卫勤排编在旅部和旅部连，并为野战炮兵旅提供 1 级陆军卫生系统保障，卫勤连区域保障能力为野战炮兵旅提供 2 级陆军卫生系统保障。卫勤排的职责包括：确保根据野战炮兵旅作战计划，及时计划、整合和同步陆军卫生系统保障；根据需要协调卫生勤务保障和部队卫生防护强化工作，确保满足野战炮兵旅的所有陆军卫生系统保障需求。

14. 部队牧师组

部队牧师组的职责包括：为所有隶属、配属或授权人员提供全面的宗教保障；就士气、伦理和宗教问题向司令部提供建议，包括司令部所负责的所有人员的宗教需求；根据任务变量计划、协调并提供精确的宗教保障；就当地宗教环境向指挥官提出建议，并在指挥官的指示下组织官兵与领导之间的交流；监督配属或隶属的营部队牧师组并对其进行培训。

第 5 章　野战炮兵旅作战流程

本章首先探讨任务命令，其次阐述了野战炮兵旅的作战流程，内容包括作战筹划、作战准备、作战实施和作战评估等。再次本章介绍了目标工作、监视、侦察和目标捕获方面的内容。最后，本章介绍了持续开展的活动，包括火力核准、空域管理和对敌防空压制考虑事项。

5.1　任务命令

野战炮兵旅以任务命令的形式从上级或被支援指挥部那里接收任务。任务命令是向下级部队下达的指令，强调要达到的效果，而不规定该如何完成任务达成效果。野战炮兵旅的任务命令包括以下内容：上级或被支援部队指挥官的作战意图和作战构想、指挥官关键信息需求和其他信息需求、火力支援具体任务、火力支援的优先级、火力支援协调措施、协同指示。

野战炮兵旅参谋部负责制订任务计划，确定哪些资产可以更好地满足上级或被支援指挥部的火力支援需求，以及下级单位的任务。野战炮兵旅火力支援分队可以根据需要加强军属火力支援分队。如果军指挥官指定一名野战炮兵旅旅长作为军的火力支援协调员，则他们必须完全投入军参谋的工作。火力支援协调员要确保军属火力支援系统可以保障军指挥官火力打击的指示，满足联合部队的要求，并对不断变化的战场条件作出反应。火力支援分队和火力支援协调员通过制订、提议和协调火力打击方案来完成这些工作。

野战炮兵旅可以根据任务编组来计划和运用火力支援资产。作为野战炮兵战斗编组的一部分，野战炮兵旅要建立支援关系，并在其计划和命令中赋予下级部队任务。受上级或被支援指挥部作战地域与规模的影响，野战炮兵旅可能无法同时向所有地域提供火力支援。野战炮兵旅可以根据被支援部队指挥官的火力支援需求和优先级，将其资产集中在军、联合特遣部队、师或其他被支援司令部的区域内。

5.2 作战流程

作战流程是筹划、准备、实施和评估作战行动时实施的主要指挥和控制活动。该流程可以作为协调与作战有关的其他行动的模板。

5.2.1 作战筹划

计划工作是了解情况、展望未来并构思实现目标的有效方法。作战筹划即计划工作，包括设想作战目的、描述实现作战目的的途径和条件。为实现作战目的而制订一份或多份行动方案也在作战筹划工作范围内。野战炮兵旅旅长及其参谋人员要考虑每份行动方案的后果和影响。由于计划工作贯穿整个作战行动，因此在此过程中，野战炮兵旅参谋人员需要将计划细化为分支计划和后续计划。

计划可以预报，但不能预测。计划是一个持续的、不断演变的预期作战框架，指导下级完成每个阶段的行动。任何计划都只是框架，需不断调整，而非一成不变的精确蓝图。衡量一个计划好坏的标准不是是否按其执行，而是该计划是否有助于采取有效的行动来应对突发事件。好的计划还应考虑不确定因素和冲突，培养主动性，降低风险。

战役计划工作和战术计划工作在范围、复杂性和计划制订周期等方面各不相同。野战炮兵旅的计划拟制人员要将野战炮兵旅与其他支援旅以及参与统一行动的其他组织的各种能力整合为一体。计划工作全面、可持续、可调整，这些特点是战役和战术层面赢得作战的保证。

野战炮兵旅最迟在收到上级或被支援指挥机关的任务后开始制订计划。计划工作必须同步进行，旅参谋部必须与上级指挥部全力协作。计划工作的重点是提供可以满足上级指挥部指挥官和参谋部要求的、优先级别较高的火力支援。相应的，野战炮兵旅的上级指挥机关必须确保能够分配给野战炮兵旅完成任务所需的资源。

为了制订完成指定任务的计划，野战炮兵旅旅长和参谋要遵循军事决策过程。军事决策过程是一种重复操作的计划制订方法，用于了解形势和任务，制订行动方案，并制订作战计划或命令。

1. 改进

野战炮兵旅改进军事决策过程源于下面几个原因：

（1）时间紧迫。在时间有限的环境中，参谋人员无法开展详细的军事决策过程，可能会选择规范的简化流程。流程虽说经过了简化，但野战手册FM 6-0中所述的军事决策过程的七个步骤不可省略，只是每个步骤经过了压缩，且不那么具体。

（2）情况变化。态势的变化、对上级指挥部命令或关键信息需求的预期，都可能导致指挥官要求根据这些变化制订计划，称为并行式计划工作。该工作通过在军事决策过程的各个阶段向下级部队发出预先号令来实现。这些预先号令可以为下级部队提供分析任务所需的信息。

（3）信息技术。基于数字通信和信息系统，同一个参谋部的成员无须处于同一个位置就可以执行军事决策过程。分布式计划工作的方式允许参谋人员在广泛的地理区域内快速传输语音和数据信息，节省了时间，提高了可用信息的准确性。

（4）协同性。该工作方式体现为两个或多个部队的指挥官和参谋为特定作战行动制订计划进行的实时交互。协同制订计划的主要好处既来自计划产品本身，也来自有意义的过程参与。计划可以传达决心，协同参与计划制订可以传达决心的背景，也可以加强对可用决策方案和部队之间关系的理解。

2. 火力支援计划制订指南

火力支援计划工作是分析、分配、整合、同步和调度火力的持续过程，可以描述如何利用火力效果来协助机动部队行动。火力支援计划可通过检查表来协助制订。表5-1~表5-4为火力支援计划内容。由于时间限制，可能无法完成表中列出的所有行动，但这些行动被视为一种路线图，可作为野战炮兵旅人员的火力支援计划制订指南来使用。

表5-1 长期计划工作周期

具体行动	责任方
获取威胁特征并拟制态势模板	作战参谋和情报参谋
检查攻击指导矩阵并视当前敌情进行必要更新	作战参谋和火力支援官
在兵棋推演和计划工作中确定野战炮兵比	作战和情报参谋

表 5-2 当前战斗的作战筹划

具体行动	责任方
接收上级指挥部的作战命令	一般参谋、作战参谋、火力支援官和火力支援分队
进行任务分析	一般参谋、作战参谋、火力支援官和火力支援分队
确定基本的、特定的和隐含的火力支援任务	作战参谋、火力支援官和火力支援分队
确定机动意图和火力支援指示，包括支援优先级	指挥官
制订行动方案、进行兵棋推演，并生成决策支持模板，参加目标工作组初始会议，确定高回报目标和攻击计划；确保决策支持模板的文档包括观察具名关心地域、目标关心地域和决策点的职责；根据武器系统和相关触发点情况提出攻击目标关心地域的建议；初步制订野战炮兵旅目标清单和目标透明图；向野战炮兵旅初始同步矩阵输入信息	情报参谋、作战参谋、火力支援官、空军联络官、航空兵联络官和旅军法官
根据野战炮兵旅的攻击矩阵和目标价值分析制订指挥官的攻击指示	指挥官、作战参谋、火力支援官和火力支援分队
计算可用于分配的野战炮兵目标数量；根据指挥官的优先级为计划工作分配野战炮兵目标	作战参谋、火力支援官、火力支援分队、野战炮兵营作战参谋
根据野战炮兵旅旅长的攻击指示制订攻击标准	作战参谋、火力支援官和火力支援分队
进行演练；尽可能多地包括火力支援系统成员：下级火力支援分队、野战炮兵营作战参谋、火力控制人员、目标工作人员、空军联络官、航空兵联络官及其他必要人员；如果时间不允许开展地对地演练，则要根据现有威胁考虑使用其他方式（无线电或后期指挥所）展开演练；在作战参谋、火力支援官、野战炮兵营作战参谋和火力控制军官在场的情况下，对火力支援计划进行兵棋推演；演练内容应包括：验证目标坐标、数量和触发点，配置、调动野战炮兵各部队，通信网络和变量，火力支援协调措施，附有空域协调措施的空域控制命令	指挥官、作战参谋、火力支援官、火力支援分队和野战炮兵营作战参谋

表 5-3 作战筹划的实施

具体行动	责任方
作战参谋、火力支援官和挑选的火力支援分队人员将自己配置在最能执行火力支援计划的地方（上述人员并不总是与野战炮兵旅旅长在一起）	作战参谋、火力支援官、火力支援分队
与被支援部队指挥官、上下级的火力支援分队、下级营的射击指挥中心和其他火力支援资产进行联络、沟通	作战参谋、火力支援官、火力支援分队

表 5-4 提供战斗追踪

具体行动	责任方
作战参谋、火力支援官、火力支援分队的计划人员应知晓所有机动分队到旅的距离和方位（以及他们的后续行动计划）。火力支援资产的位置信息至少要覆盖提供支援的炮位雷达和野战炮兵营，以及火力支援资产、师、军或联合火力要素的弹药状态，所有当前和拟议的火力支援协调措施的位置信息	作战参谋、火力支援官、火力支援分队
依照上级指挥部火力支援实施矩阵，发扬火力	作战参谋、火力支援官、火力支援分队

3. 风险管理

风险管理是识别、评估和控制由作战因素引起的风险，并作出平衡风险成本和任务效益的决策的过程。风险管理是计划工作的必要组成部分，必须贯穿野战炮兵旅各级部队的每个作战阶段。战术风险和意外风险始终存在于所有作战行动中。

风险评估和管理作为必要组成部分，需要考虑每个行动方案涉及的士气风险。领导者永远不应该用"一刀切"的方式来应对其所在部队面临的风险问题。指挥官必须控制部队面临的风险，以完成任务并对官兵加以照顾。

5.2.2 作战准备

准备是指各部队和官兵为提高作战能力而进行的活动。准备工作可以为增加己方部队的成功概率创造条件，可以促进和维持行动的过渡，包括过渡到分支和后续行动。

准备工作需要参谋部、下级部队和官兵采取行动。任务的成功不仅取决于计划工作，也取决于准备工作。演练有助于参谋人员、各单位和官兵更好地掌握他们在即将到来的行动中的具体任务，应在执行复杂任务之前进行训练，确保武器装备正常使用。主要准备活动包括：完善计划、组织监视和侦察、开展下级确定汇报（确定汇报是上级指挥官下达计划后会使用的一种手段，用于确定下级指挥官对任务、工作或指令的理解程度）和复述汇报等演练活动、组织任务编组与训练、组织部队机动、战前自查和检查、组织持续保障准备、整编新到官兵和部队。

某些准备活动在制订计划期间开始，贯穿整个作战过程。未投入战斗的部队要为查明的突发事件做好准备，预估下一阶段的作战或分支作战。投入战斗的部队在达成目标、占领防御阵地或编入预备队时，要恢复准备工作。

演练可以让领导者及其下级官兵对作战构想的主要内容进行操练，有助于官兵在行动之前适应环境和其他部队情况。基于演练，官兵们能够在脑海中形成持久的画面，描绘出作战中关键行动的顺序。演练是一种有效的组织手段，可以确保参谋人员和下级在战术上理解指挥官意图和作战构想，并在指挥官的控制范围内理解和培养相互之间的信任感。指挥官和参谋要能够在时间和空间上设想地形，以及军事行动部署的敌军和己方部队，实现最终目的。

每种类型的演练都对应不同的结果，并且在准备时间表中有特定的位置。演练的四种类型：复述汇报、合成兵种演练、维持保障演练、程序化应敌行动演练（标准作业程序演练）。

火力支援人员要参与各种类型的演练。多次演练能最大程度整合、统筹火力，实现并验证机动方案。如果时间有限，演练的次数和范围可以缩减，在这种情况下，演练可侧重火力支援任务，或者机动计划和相关火力支援计划的特定内容。火力支援演练应在合成兵种演练之前，并在野战炮兵技术演练的协同下进行。如有可能，作战参谋和情报参谋以及目标工作组的其他成员也要参加演练。

演练基于预先号令或作战命令。各部队可以演练应急计划，为预期部署做好准备。但演练是一种协同活动，而不是一种分析行动，不能取代兵棋推演。各指挥官要避免在演练期间对作战命令进行重大更改，只对那些攸关任务成功和风险缓解的内容进行修改。

1. 复述汇报

复述汇报是指下级向指挥官简要介绍如何完成任务的一种简报。经过复述，火力支援协调员通过下级的计划工作了解下级是否掌握指挥官意图。各指挥官可以采用复述这种方式来发现作战构想中存在的问题，并通过信息的传递来提高下级对作战构想的理解和统筹。在汇报期间，火力支援协调员至少应明确传达以下内容：指挥官的火力打击指示、初步的火力打击方案、火力打击的优先级、高回报目标、火力支援协调措施的初步建议、指挥和支援关系建议。

复述汇报不应与确定汇报混淆。复述汇报特点是下级指挥官不会在接到

第 5 章 野战炮兵旅作战流程

命令后立即向上级指挥官汇报，相反在其汇报之前上级指挥官有一定时间完善计划；而确定汇报通常在命令或作战计划简报结束时立即进行，此时所有下级指挥官都在场。只有在确定下级指挥官已理解任务、受领的工作和目的、本级和上级指挥官的意图、作战构想、机动方案、优先级以及演练计划、时间和类型的情况下，指挥官才能休会。

2. 合成兵种演练

火力支援计划必须被纳入合成兵种演练，代表或支持火力支援系统的火力支援关键人员也必须参加合成兵种演练。通常指挥官决定哪些人参加演练。

一般情况下，合成兵种演练在联合目标工作周期范围内、陆军开始目标工作后进行。作战的大部分火力支援计划，包括提名目标、高回报目标、目标关心地域、信息收集计划和分配、近距离空中支援分配、火力打击优先级、火力支援协调措施、空域协调措施和总体的火力打击方案要根据当前的陆军目标工作周期进行完善。

在合成兵种演练的每个阶段或时间段，火力支援协调员要统筹以下内容：基本的火力支援任务；高回报目标和目标关心地域；对每个目标的打击时机和打击标准；打击每个高回报目标和目标关心地域的目标捕获资源及分配方式；每个目标捕获资源的通信计划；针对每个目标的攻击指示，如火力打击单位、炮弹和引信组合以及齐射次数；时间敏感目标清单、攻击指示矩阵和目标选择标准；当启用全球定位系统的武器是主要武器，且该区域被拒止、降级和破坏时，可以采取的备用攻击方法；火力支援协调措施和空域协调措施，包括转移火力支援协调措施的时机；火力打击优先级；可用于并且分配给打击每个高回报目标和目标关心地域的（杀伤性和非杀伤性）火力支援攻击（运用）系统；巩固地域火力支援计划；地理战区作战指挥官近距离空中支援、空中遮断、架次分配指示、联合部队地面组成部队指挥官对空中遮断的目标提名以及近距离空中支援请求。

1）火力支援演练

火力支援演练应在合成兵种演练前进行，确保火力支援行动、信息收集计划和机动方案计划协调同步进行。与合成兵种演练一样，火力支援演练可能在进入目标工作流程后进行。火力支援演练比合成兵种演练更详细，有助于通过机动细化火力支援计划和火力支援实施矩阵,证明执行火力支援任务的可行性。合成兵种演练有变化的话,就可能需要再次进行火力支援演练。参与计划、执行火力支援计划的机动和火力支援关键人员需参加火力支援演练。

火力支援协调员要确保在火力支援演练期间弄清楚以下内容:机动部队指挥官对火力支援的意图和指示;如何建立具名关心地域、目标关心地域和高回报目标,以便根据指挥官的目标工作指示(情报收集计划)结合敌方具体部队情况确定目标;如何为每个目标关心地域分配主要和备用目标捕获和火力支援的攻击和运用能力;火力打击方案;交战规则和火力核准程序;主要通信计划、预备通信计划、应急通信计划和紧急通信计划;用于打击特定目标的备用攻击系统;弹药、观察员和武器系统的配置;火力支援任务的执行情况;火力支援实施矩阵;火力支援协调措施的实用性、功能性、目的和触发因素;攻击指示矩阵和目标选择标准;火力打击的优先级;如何巩固地域内的火力支援程序;时间敏感目标清单、攻击指示矩阵和目标选择标准。

2)野战炮兵战术演练

野战炮兵战术演练是一种支援演练,可以确保野战炮兵旅部队作战计划或作战命令对野战炮兵战术火力控制作出适度的计划与统筹。野战炮兵战术演练参与人员包括火力支援协调员(野战炮兵指挥官)、提供火力支援的部队指挥官和参谋、下级火力部队指挥官和参谋、火力支援官、火力部队核心参谋(情报参谋、作战参谋、后勤参谋、通信参谋、军法官)、火力控制和射击指挥人员、精选的观察员和雷达排长。这些人员必须完全掌握火力打击批准程序、限制性和许可性火力支援协调措施、野战炮兵目标清单和时间表、触发时机和事件、机动和转移计划、战斗勤务保障规定、指挥控制和通信移交要求。

野战炮兵指挥官还要确保在野战炮兵战术演练中覆盖以下内容:启动每个阶段的机动方案、己方和敌方行动;敌情;作战构想;指挥官的火力打击指示;火力支援任务;野战炮兵战斗、指挥和支援关系;所需补给率和受控补给率对作战的影响;野战炮兵基本任务的战术执行、野战炮兵支援矩阵、火力打击方案和目标计划的主要和备用方法;战术火力控制和任务路由程序;批准火力打击的要求和程序;指挥官的攻击标准和火力打击优先考虑事项；火力打击、控制和保障分队的主要和备用野战炮兵旅运输和配置计划的有效性；目标确定、反火力和对敌防空压制行动；炮位雷达的位置和区域；相互支援和连续的作战行动；通信要求，即中继设备的使用和定位，语音与数字通信的使用；主要、预备、应急和紧急通信计划；勘察要求；野战炮兵旅行动与机动和空域控制行动的时间安排和同步情况；交战规则和火力打击批准程序；气象要求；补给时机，尤其是低密度弹药的补给时机；化生放核洗消地点；野战炮兵旅部队（步兵、防空炮兵、工兵、宪兵）的防护要求；根据制订和演练保护工作的突发情况，作出对敌方空中、地面、化生放核、间瞄火力、干扰或网络空间电磁活动攻击的反应；重建程序。

3）野战炮兵技术演练

野战炮兵技术演练是一种支援演练（网络演练方法），可以确保火力支援分队、火力控制分队、联合空地一体化中心执行被支援上级指挥部的火力支援计划，并且下级野战炮兵部队的作战计划或作战命令在一定程度上解决野战炮兵技术射击指挥问题，并执行技术射程指挥流程。

野战炮兵技术演练的重点内容包括：野战炮兵基本任务和野战炮兵支援矩阵的技术执行；语音和数字化融合；备份演练包括当数话能力受到损失时对应对方案的评估；战术和技术火力控制流程的融合以及射击解决方案的计算，包括火力支援分队、射击指挥和射击分队之间的通信和互动；确定技术射击指挥相关事宜，如遮蔽角、高射界射击、最小安全距离、目标、弹药、射程、火力支援协调措施和空域协调措施冲突；验证数据库的设置、通信、阵地、火力支援协调措施、空域协调措施、目标和攻击指示、任务路由和干预点、目标清单和调度数据；验证针对轻微和重大故障行动的数字化作业连续性；射击指挥系统、数字版本差异和任何其他包括空军、海军、海军陆战队和多国统一行动伙伴的数字系统的数字化接口要求。旅以上指挥层级从传感器到射击器之间的目标捕获能力的技术演练。

演练期间必须采取安全保障措施，在维持有能力应对真实威胁的同时，防止实弹射向技术演练目标。当需要执行实际的火力打击任务时，部队必须具备立即终止或推迟演练的能力。

3. 维持保障演练

维持保障演练相关内容详见第 7 章。

4. 火力支援程序化应敌行动演练及标准作业程序演练

野战炮兵程序化应敌行动演练及标准作业程序演练独立于上述演练，将宜于以演练的部分环节，例如：空中和地面火力核准、越界火力打击、反火力、调整火力支援协调措施的触发时机、重新编组作战行动融入合成兵种演练和火力支援演练演习中。

5.2.3 作战实施

作战实施指运用战斗力来完成任务，并根据态势进行调整，从而将计划付诸行动的过程。指挥官利用对态势的掌握来评估进展情况，并作出实施和调整决策。野战炮兵旅可以同时展开进攻作战、防御作战和稳定行动，但对上述各类行动的重视程度因态势而异。

根据兵力设计，可以遂行必要的火力支援任务，利用其建制内资产或在师、军及联合特遣部队的加强下，在上级指挥部作战地域内提供必要的火力支援。快速决策和同步流程是指挥官和参谋在作战实施过程中使用的一种方法，它与军事决策过程之间存在以下两个显著差异：

（1）快速决策和同步流程是基于现有命令的。命令中，指挥官意图、作战构想和指挥官关键信息需求等控制机制确定了指挥官的优先事项，为领导提供了决策标准。而军事决策则不然。

（2）快速决策和同步流程寻求一种可接受的解决方案即可，而军事决策过程寻求最佳或最理想的解决方案。通过使用快速决策和同步流程，野战炮兵旅各级领导可以避免在制订决策标准和比较行动方案时耗时过多。在快速决策和同步过程中，领导者们将他们的经验和直觉与态势感知结合，快速形成对态势的掌握。在此基础上，他们就可以制订并完善可行的行动方案。

快速决策和同步流程的内容包括：将当前情况与命令进行比较，确定需要作出什么样的决定并作出回应，完善并验证行动方案，最终执行方案。

分析完成后，参谋人员开始同步实施所作决策。这种同步实施涉及与其他参谋小组、下级参谋以及指挥官之间的合同协作。一旦对行动方案作出决定，野战炮兵旅的当前作战小组要发布一份书面或口头的补充命令，指导行动的实施。在时间允许的情况下，则采用军事决策过程验证下级是否理解关键任务。

5.2.4 作战评估

作战评估是指对完成任务、创造条件或实现目标进展的情况的确定活动。作战评估有助于野战炮兵旅旅长和参谋人员根据需求调整作战行动和资源，确定展开分支和后续行动的时间，并作出其他关键决策，从而确保当前和后续行动能够支撑受领任务，且能达到预期最终目标，其指标如下所述。

（1）效能评估指标。该指标通过长期观察结果及其变化，来评估当前系统状态。效能评估指挥用于确定野战炮兵旅行动是否正确，是否需求增加其他或备用野战炮兵旅行动。

（2）性能评估指标。该指标是针对与任务完成情况紧密相关的己方部队行动的一种评估方式。性能评估指标确定野战炮兵旅行动是否正确，可能会提出：野战炮兵旅武器是否按照计划打击目标？是否得到预期的物理或功能毁坏结果？"

野战炮兵旅旅长和参谋机关在制订计划时加入性能评估与效能评估；他们要早在分析任务时就考虑效能评估和性能评估，并将其与相关指示安排进旅长将进行的持续评估项目中。野战炮兵旅的作战参谋和情报参谋全面负责开展野战炮兵旅评估活动。

5.3 火力核准

火力核准是指被支援指挥官应确保火力打击或火力打击效果不会对己方部队或机动方案造成影响的过程。火力核准应确保火力打击敌人的能力系统时不会造成己方部队伤亡。

被支援地面部队指挥官负责核准其作战地域内的火力打击，包括与其他空域用户的火力整合。指挥官制订或要求上级指挥部制订控制措施（如图形控制措施、直瞄火力控制措施、空域协调措施和火力支援协调措施），作为分离部队、同步火力和机动、促进批准火力打击和防止误伤的一种手段。图形控制措施是在地图和显示器上用符号调控部队和作战职能的手段。指挥官可以在没有许可的情况下，命令对明确的敌方特定点目标遂行跨界直瞄射击，但不得在未获得部队许可的情况下跨界发扬间瞄火力，火力会影响部队的作战地域。各指挥官可能会考虑进行早期协调，以便可以对明确的敌方目标进行间瞄射击。同时，在此过程中，要注意清理空域（净空）。

火力打击通常需经过基本指挥所的当前作战单元批准。火力核准演练是所有指挥所标准作业程序的一部分，而火力支援请求则可以来自多个渠道。

通常通过事先计划、演练和精心部署火力支援协调措施来推动对火力打击的核准，相反，批准打击临机目标往往会面临不少挑战。打击临机目标必须在短时间内发出通知，既不能无故拖延，也不能危及己方部队的安全。为了火力打击及时得到批准，应遵循下列步骤：提供最佳的目标定位方法；主动识别敌方目标；条件允许时，跟踪目标行动；获得相关外部指挥机关的许可。

5.4　空域控制

空域控制是指通过规范空域的使用，确保其安全性、高效性和灵活性，从而提升作战效能的一系列能力和程序。空域控制在确保安全、高效和灵活的同时，最大限度地减少对空域用户的限制。空域控制包括协调、整合和监管空域。

由于野战炮兵旅通常不直接控制作战空域，因此，为了在军作战地域内遂行作战任务，野战炮兵旅必须通过陆军指挥链，与有空域控制编组机构的各个要素协调。在师空域内作战时，野战炮兵旅要与过境作战地域的师和旅协调空域使用情况。当在师空域外作战时，空域整编变得更加复杂。当野战炮兵旅的打击弹药飞行路径延伸到师空域外，进入通常由机载预警和控制系统或者控制和报告中心控制的空域时，必须首先从空域控制机构指定的空域控制单元获得对该空域的使用授权。野战炮兵旅的火箭和导弹通常在师空域的协调高度以上飞行，这类任务通常也是野战炮兵旅执行的优势任务。为了完成任务，野战炮兵旅须了解上级指挥部制订的规则，以便为每次打击顺利获得空域批准。

防空空域管理/旅航空兵分队是负责获取通用作战图，并将野战炮兵旅空域需求与相应空域控制机构整合的参谋组织。野战炮兵旅旅长的计划和执行空域管理所需的其他参谋要素（包括情报小组和目标工作小组、火力支援分队和目标处理单位）均位于野战炮兵旅的基本指挥所内。

5.5 对敌防空压制

对敌防空压制是指通过破坏性或摧毁性手段瘫痪、摧毁或暂时削弱敌人地面防空的活动。空中资产的有效使用为被支援部队指挥官提供了强大的火力。基于陆军航空兵、空军和其他军种的空中平台，被支援部队指挥官能够快速影响作战，并扩大战场纵深。

5.5.1 对敌防空压制要求

敌方部署的一体化防空网络由武器系统、雷达和控制节点组成，在各种高度上构成了强大的保护伞。其中，最有效的防空系统会部署在高强度战场上，除此之外，在中低强度战场上部署的防空能力也会对己方空中资产构成重大威胁。为了发挥全部作战潜力，己方空中资产必须能够生存下来。对敌防空压制是一项关键能力，必须快速、高效地完成。

对敌防空压制作战必须与火力支援系统的各要素以及联合（合成）兵种小组的成员保持同步，从而形成最强的战斗力，因此行动一致至关重要。火力支援资源的同步需要详细的规划、协调和精准对时。

5.5.2 启用对敌防空压制流程

陆军或空军部队请求空中作战时，对敌防空压制流程开始启动。首先考虑的是，请求部队建制内的或可用的压制手段。当对敌防空压制需求超过可用手段或能力时，战区空中控制系统或陆军空地一体化系统的相关机构将请求或协调联合支援。

对敌防空压制是制订空中或航空兵任务计划的重要组成部分。对敌防空压制请求可以通过相应的陆军火力支援分队处理。各层级部队的火力支援分队经过配置后，可以基于其对敌防空压制作战中的固有职责制订计划、展开协调与实施。陆军下级部队的请求将根据可用的陆军资产进行汇总、审核、优先排序和调度执行。超过陆军能力的目标将被提名，并通过各渠道转发给空中组成部队指挥官。例如，向美国空军提出的请求，将通过提供支援的空中支援行动中心发送过去。一旦批准，时间计划表和其他相关信息将通过原渠道反馈。

陆军还可以根据既定的指导方针和优先事项，响应空军提出的对敌防空压制要求，以支援空中任务请求。同样，面对陆军发起的对敌防空压制请求，空中组成部队对该行动的请求经过相应的陆军渠道处理后，流转给支援部队。各层级部队的火力支援官和火力支援分队负责协调任务并指导对敌防空压制行动。火力支援官和火力支援分队还要评估陆军对敌防空压制的有效性，并将结果转发给提出请求的指挥部。

5.5.3 对敌防空压制的计划与实施

作战参谋和火力支援官通过野战炮兵旅的火力支援分队组织对敌防空压制作战。对敌防空压制作战需要协调所有火力支援手段以及电磁战能力。在野战炮兵旅情报小组的配合下，情报参谋、火力支援官和火力支援分队提供敌人防御和威胁信息。火力支援分队可以将这些资料以及空域使用信息整合到对敌防空压制的计划中。

对敌防空压制可以通过协调使用旋转翼和固定翼资产等空中和地面捕获平台提供支援。野战炮兵旅应制订破坏行动计划，以补充摧毁行动计划，涵盖完整的联合部队和陆军电磁战能力。野战炮兵旅的计划人员还必须使用电磁战系统来削弱敌方干扰，并在无法摧毁时压制敌人系统。为了防止误伤己方的防空反导雷达，野战炮兵旅必须提供己方发射器和雷达位置信息，将其纳入空域控制命令。

上级或被支援指挥部要计划并实施局部压制，以保护穿越己方部队前线的飞机。如果目标区域位于陆军攻击手段范围内，对敌防空压制系统需要部署在攻击进出路线和出入口，以及目标区域周围。还应建立一条"走廊"，保护参与空袭行动的直升机。

5.5.4 联合对敌防空压制

联合对敌防空压制从广义上说，包括联合部队的某个组成部队为支援另一个组成部队提供的对敌防空压制的所有活动，并且需要联合、互动，在战役和战术层面压制敌人具有影响力的地对空防御体系。打击那些可观察到的火力威胁，发挥地面和海上的最大间瞄火力压制系统的对抗能力。

野战炮兵旅的作战参谋、火力支援官和火力支援分队计划制订人员要确保对每个空中遮断和计划内的近距离空中支援请求进行对敌防空压制目标查询，攻击对敌防空压制目标必须与计划内的空中打击同步进行。关键性行动中的对敌防空压制目标主要通过陆军电磁、影像或模板技术来确定。空中遮断任务的对敌防空压制目标来自空中支援侦察机报告或其他飞机报告，这些报告可从战场协调分队的情报班、小组或其他要素获得。

针对已捕获的或计划好的目标，野战炮兵旅的作战参谋、火力支援官和火力支援分队计划人员，应与派遣到野战炮兵旅的空中联络官和陆军航空兵联络官（如果提供）统筹部署对敌防空压制计划。

对敌防空压制的目标工作应涵盖飞机进出路线，该信息既可从相应级别的空中联络官处获得，也可在空中任务分配命令中找到。联合对敌防空压制作战可以通过采取摧毁性和干扰性手段完成。摧毁性手段指摧毁目标系统或操作人员。随着摧毁效果的累积，飞机生存能力提高，但摧毁性手段可能会给上级或被支援指挥部的可用战斗力带来很大压力。干扰性手段是指暂时拒止、降级、欺骗、迟滞或压制敌人的防空系统，提高己方飞机的生存能力。干扰性手段可以是主动的，也可以是被动的。主动手段包括：电磁攻击，使用一次性消耗品（箔条、照明弹和诱饵），采用欺骗、回避或规避飞行剖面等战术，以及无人机系统。被动手段包括发射控制、伪装、红外屏蔽，其他警报接收器和某些设备材料也可以实施被动干扰。

第6章 野战炮兵旅火力运用

本章首先描述了野战炮兵旅是如何界定作战环境的；其次通过介绍野战炮兵旅如何执行打击和反火力作战，总结了野战炮兵旅的作战框架，野战炮兵旅如何在防御作战、进攻作战和扩张战果方面为陆军提供支援；最后简要介绍了扩张战果。

6.1 作战环境的界定

作战环境是指会影响能力使用并影响指挥官决策的条件、环境和影响因素的组合。野战炮兵旅旅长不仅考虑敌人的军事力量和其他作战能力，随着当前作战向后续作战过渡，还须利用经验、专业知识和对态势的理解来构想和改变作战环境。

6.1.1 作战变量

作战变量是指军事和非军事作战环境中，因作战区域不同而不同，并影响作战的各种因素。作战变量不仅包含作战环境中的军事因素，还包含社会因素。

根据陆军筹划措施，计划制订人员根据八个相互关联的作战变量PMESII-PT[①]，分析作战环境。

6.1.2 任务变量

在接到命令后，陆军领导者在分析任务期间提取信息中的任务变量，通

[①] 英文：political, military, economic, social, information, infrastructure, physical environment, and time, PMESII-PT, 即政治、军事、经济、社会、信息、基础设施、物理环境和时间。

过分析任务变量提升其对态势的理解。

任务变量包括任务、敌情、地形和气候、可供使用的部队和支援、可用时间以及民事考虑因素。将作战变量分析与任务变量结合起来，就可以确保陆军领导者有效利用与任务相关的最佳可用信息。

6.1.3　威胁力量与危险因素

对于每一场作战行动，威胁力量都是作战环境的基本组成部分。敌方是指有能力并意图伤害美国军队、国家利益或国土的主体、实体或军队的任意组合。该力量可能是个人、个人团体（有组织或无组织）、准军事或军事力量、国家或国家联盟。各指挥官和参谋人员必须了解当前和潜在的威胁力量是如何组织、装备、训练、使用和控制部队的。他们必须始终确认、监控和评估存在的威胁力量。

危险因素也作为作战环境的一种状态存在，有可能导致伤害、疾病、死亡、装备或财产的损坏或损失，或者任务降级。野战炮兵旅旅长及其参谋人员必须了解化生放核危险如何因意外或故意释放而对作战行动造成不利的影响。

6.1.4　武装冲突阈值下的竞争

战区陆军是在竞争期间计划和组织陆军作战的关键组织机构。然而，在竞争中，其他陆军组织也影响陆军作战的实施。军和下级部队负责执行任务，并派遣兵力执行安全合作任务。

陆军部队可以通过参加多国演习、开展人道主义救援等军地行动、组织援助和培训交流，派遣安全部队援外或参与外国内部防务事宜。军级及军以下陆军部队直接参与伙伴部队、政府和非政府组织以及平民活动，从而完成其任务、建立融洽的关系并促进稳定。

就野战手册 FM 3-94 中的竞争中的三项任务来说，军在演习中承担其中一项任务，目的是为大规模作战行动做准备。军可以被指定成为运用多个师的陆上战术指挥部。换句话说，在应急行动或训练活动期间，如果没有任何组织机构可以担负联军或联合特遣部队总部机关或地面组成部队指挥机关的任务，则可以在经过必要的训练并整合其他军种参谋人员后由军承担该任务。当军成为地面组成部队指挥机关时，它也可以担负陆军高级司令机关的职责。

6.1.5 统一地面作战

统一地面作战属于统一行动的一种，指在跨域环境下同时实施进攻作战、防御作战、稳定行动和民政当局防务支援，以塑造作战环境、防止冲突、打赢大规模地面作战、实施扩张战果行动。陆军是美国在陆上的主要作战力量。陆军部队一方面依赖跨域（空中、陆上、海上、太空和网络空间）联合部队，另一方面又为其赋能。

这种相互依赖的关系产生了强大的协同效应，也反映出所有作战行动都有多个军种部队参与。陆军在战略和战役机动、联合火力打击和其他关键赋能方面依赖其他军种。陆军通过陆基间瞄火力和弹道导弹防御、防御性网络空间作战、电磁防护、通信活动、情报活动、旋转翼飞机行动、后勤保障活动和工兵活动，为其他军种、作战司令部和统一行动合作伙伴提供支援。

6.1.6 联合作战

联合作战是由联合部队及相互之间有特定指挥关系的军种部队实施的军事行动，这些军种部队本身并不组建联合部队。野战炮兵旅通过与其他联合能力和赋能力量相互配合，实施军一级的打击行动，提供联合火力支援。联合火力支援由可以协助空中、陆上、海上、太空、网络空间和特种作战部队调动、机动和控制领土、空域及关键水域的联合火力提供。

联合特遣部队可以综合运用所有可用的能力，包括空对面作战、面对面作战、网络空间作战、进攻性太空控制、电子攻击、信息相关活动和非杀伤性能力联合火力支援。联合火力支援既可以为与敌接触部队提供支援，也可为联合部队指挥官的应急行动提供支援。应整合和同步联合火力支援，并为联合火力支援行动提供维持保障。在展开火力支援之前，将联合火力支援计划工作纳入联合计划工作流程；在支援过程中，可以将联合火力支援计划作为联合目标工作流程的一部分一起制订。

6.1.7 多国行动

多国行动用于描述两个或两个以上国家的军队实施的军事行动，通常在联盟或盟友之间进行。虽然每个国家都有自身利益，而且参战往往会受到自身的各种警告的限制，但所有国家都应在行动中有所作为。每个国家的部队都有其独特的能力，而且从国际或当地民众角度而言，每个国家的行动都必须师出有名。陆军部队应有大多数行动将为多国行动作准备，并据此制订相应计划。

野战炮兵旅可以是多国部队的组成部分；既可以充当提供支援的司令部，也可以充当被支援的司令部。野战炮兵旅旅长应根据国际合作伙伴的国家规范、情报共享和战区保障职能，做好整编和统筹国际合作伙伴的准备。野战炮兵旅旅长还必须为分析任务的特殊需求做好筹备工作，并准备根据多国部队的优势，弥补其局限性。野战炮兵旅旅长应准备与编入旅的多国部队以及被支援的多国部队建立联络关系。联络小组之间的交流有助于促进对任务和战术的共同理解，有利于传递信息，提升信任和信心。

6.1.8 指定、加强和保障主攻部队

指挥官们经常面临战斗力有限的矛盾，他们可以通过确定优先级来解决这些矛盾。指挥官确定优先级的一种方法是指定、加强和保障主攻部队。主攻部队是指定的下级部队，可加强其战斗力，它在规定时间点完成任务对整体任务的成功至关重要。对主攻部队的指定可能包括扩大其任务编组，并临时给予该部队优先支援。指挥官还可以指定其他优先事项，包括防空、近距离空中支援和其他火力、"情监侦"覆盖区域、机动力和反机动力支援。

各指挥官根据情况需要将资源和优先事项向主攻部队倾斜。在一次行动中，各级指挥官可能会多次调整主攻部队。他们甚至可能在指定一个单位为主攻部队之前改变优先级，以便为主攻部队赢得后期行动胜利创造条件。

6.2 火力打击和反火力

野战炮兵旅的主要任务是实施军一级的打击行动和加强师一级的造势行动。在实施大规模作战行动过程中，野战炮兵旅还可以为军的造势行动提供集中火力效果的能中。

军或师指挥官可以将反火力指挥部的任务分配给野战炮兵旅或独立野战

炮兵营。必须给反火力指挥部分配必要资产来实施反火力战斗。反火力指挥部要与情报助理参谋协调，以积极主动的方式将所有可用单位纳入反火力战斗中。

6.2.1 火力打击

野战炮兵旅实施火力打击，承担部分进攻和防御作战职责。野战炮兵旅的远程火力通过提供远距离打击地面目标的能力来支援战略保证和威慑任务。这些火力有助于造势行动，挫败或拒止对正在展开的联合和多国部队行动存有威胁的敌方能力。火力可以在己方接敌之前打击敌人，使其无法对抗己方部队，使指挥官能够夺取、保持和利用主动权。这些火力可以给敌人制造多重困境，限制其选择方案，摧毁或削弱其能力。火力可以支援多种作战行动，并且通常需要统筹联合、跨机构、跨政府和多国合作伙伴。

火力打击通常集中在特定的敌方部队，是一种有准备的行动，时间从几个小时到几天不等（这种打击不是针对临机目标的火力打击任务）。火力打击可能包括在上级或被支援指挥部的作战地域内，快速、积极地靠前机动野战炮兵旅资产，以便在火器射程内打击发现目标。可以通过将任务分配给机动分队以支援野战炮兵旅向前机动，或者通过任务编组或其他安全资产（例如，步兵、装甲兵、宪兵或防空炮兵）机动来实现。火力打击可以利用陆军部队能力，为师、军或联合特遣部队作战地域全纵深和正面提供火力效果。

6.2.2 反火力

反火力指用来摧毁或压制敌人武器的火力。摧毁敌人远程精确火力打击能力可以干扰和阻碍其机动，这攸关己方部队的行动自由和快节奏作战。

反火力可以压制或摧毁敌人的全部或部分火力支援能力，包括投送系统、控制节点、支援系统以及后勤或支援地域。野战炮兵旅通过以下方式参与全面反火力作战：根据军部下达的指示，通过在军一级保留野战炮兵旅资产或将其分配给下级各师，就可以为军的战斗编组反火力资产；在为下级各师指定机动分界线和作战地域的同时，监督军属单位在所设反火力责任区内的反火力职责准备和执行情况；其目标地域包括师或友邻部队作战地域，但前提是此类支援请求已提交并获得军的批准。在能力范围内，军还可以响应友邻部队的额外火力打击请求；在军下属的支援、配属或作战控制的军事情报单位以及特种作战部队的情报收集员的加强下，侦察多管火箭炮营、直升机前方作战基地和其他编有野战炮兵建制内资产的反火力目标。可使用多管火箭炮（"海马斯"火箭炮）、陆军航空兵、空军战机和地面机动部队攻击敌方火力支援系统；军还可以就是否有必要从上级部队指挥官、联合特遣部队指挥官或其他军种获取其他传感器和攻击资产提出建议。

6.3 支援军作战

在野战炮兵旅的增援下，军能够在其控制区内计划、准备、实施远程间瞄火力打击，对打击情况进行评估。野战炮兵旅扩展战场纵深，加强各师火力，充当反火力指挥部，并发挥军范围内的目标侦察作用。如果军的作战行动是分阶段进行的，那么火力打击的优先级可能会因阶段不同而不同。

分配给野战炮兵旅的支援关系包括全般支援、加强和全般支援-加强。野战炮兵旅所属炮兵营通常通过以上三种关系编组到师，支援师行动，或以非标准方式编组到支援军的火力支援行动。

6.3.1 支援防御作战

防御作战是指击败敌人攻击、赢得时间、节约兵力并为进攻作战或稳定行动创造有利条件的作战。军在以下两种情况采取防御作战：①通过限制己方深入敌占区来减少国家利益损失；②当没有足够的兵力转入进攻时。反击是防御作战中最大限度实现进攻行动的基本手段。

在敌方全纵深内实施打击有助于在其主力部队到达之前将其击败或对其进行威慑。防御作战中使用火力支援可以扰乱敌方炮兵、分割敌军部队，并在其机动分队向前移动时使其迟滞或消耗。火力在弥补大面积防御机动资产不足时至关重要。野战炮兵旅在防御作战中一般考虑如下事项。

（1）在机动防御和区域防御中，实施打击以迟滞、打乱和消耗军浅近和纵深区域内的正在攻击的敌人；实施对敌防空压制来支援联合部队和陆军航空兵攻击；侦察目标，加强打击行动，从而支援军的其他造势行动。

（2）在后撤行动中，实施打击以迟滞、打乱和消耗正在攻击的敌人，确保被支援指挥部有后撤能力；实施对敌防空压制，支援联合部队和陆军航空兵攻击行动，从而支援后撤行动。

（3）在军纵深地域内用火力打击接近敌军；在敌人火力准备之前，主动攻击敌方远程间瞄火力系统；在最大射程内使用杀伤性和非杀伤性资产，打乱敌方的指挥与控制，并使敌人的各种攻击无法同步展开；实施反火力打击，阻止敌方间瞄火力破坏被支援部队指挥官组织的防御行动；为联合部队和陆军航空兵攻击行动实施对敌防空压制；提供冗余通信网络，确保部队不间断开火。

由于野战炮兵旅在防御中的编组通常要能对火力支援进行更为集中的控制。因此，野战炮兵旅旅长应灵活掌握各种方式以最大限度地集中火力，并在需要时为关键行动提供支援。野战炮兵旅具体的考虑事项为根据任务，将野战炮兵旅属炮兵营编组给师野战炮兵营，支援关系为全般支援-加强。全般支援-加强关系适用于高程度野战炮兵旅集中控制，同时仍为师提供额外的火力支援，并为军支援地域和巩固地域提供火力支援。

1. 配置和运动

野战炮兵旅攻击（投送）资产必须充分覆盖军警戒和纵深地域。他们需要沿横向和纵向配置，以确保自身在敌军射程内不受攻击之敌直接路径的影响。在运动之前，必须计划好主要路线和备用路线以及辅助阵地。野战炮兵旅支援防御作战配置和运动时应考虑：靠前配置充足的资产，以支援军的警戒队；为师作战地域内的阵地制订计划；保证2/3的火力打击资产到位，以便随时开火；配置炮位雷达，以便在师炮兵炮位雷达转移时为其提供有效侦测能力。

野战炮兵旅的运动通常限制在横向上，需要进行再部署以提高生存能力，或机动到军后方、浅近和纵深地域以打击远距离目标。运动野战炮兵旅的具体考虑事项包括：制订运动计划，保证2/3野战炮兵旅资产到位，以便随时开火；各级部队保留2/3的野战炮兵旅资产，确保军能够后撤；前往有利于后续作战的阵地。

2. 目标侦察

野战炮兵旅的炮位雷达主要用于发现敌人的间瞄火力系统，以支援军目标工作，确定并实施防御作战。野战炮兵旅支援防御作战实施目标侦察时应考虑：将炮位雷达配置在尽可能远的前方，以最大限度地扩大搜索范围，并侦察敌方具备远程火力能力的系统；将炮位雷达配置在尽可能靠前的位置，掩护军警戒部队；确保己方关键区域覆盖关键部队、路线或阵地；确保火力呼唤区域覆盖可疑或已知的敌军间瞄火力系统；管理整个炮位雷达的配置和转移计划。

6.3.2 支援进攻作战

进攻作战是指击败和歼灭敌人，夺占有利地形、资源和人口中心的作战。军要结合作战考虑因素实施进攻作战，以消灭敌人。进攻作战的特点是保有主动权，指挥官可在其选择的时间和地点将意志强加给敌人。虽然进攻作战的实施与有利的战斗力比和不断恶化的敌情有关，但这些不一定是进攻作战的先决条件。机动、出其不意和咄咄逼人的进攻是取得胜利最有效的手段。尽管大胆、强硬的战术会增加风险，然而，期望的战果越大要冒的风险越大。主动权是由在数量上处于优势，且能够采取大胆和积极行动的部队才能获得和保有的。综上所述，数量优势不一定是进攻作战的先决条件，即使整个部队处于防御状态，指挥官也要不断寻找机会，通过进攻作战夺取主动权。

支援进攻作战用密集或精确的间瞄火力、空中支援和电磁战资产攻击整个作战地域内的目标，以阻止敌人增援、脱离接触或展开再补给。支援进攻作战的火力需反应迅速，能够及时支援部队机动，帮助上级或被支援指挥部获得并保有主动权。转移射击单位可以掩护机动部队推进。一般野战炮兵旅在进攻作战中的考虑因素包括：准备在初始攻击阶段前和初始攻击阶段实施密集的火力打击；实施压制火力打击，以孤立决定性作战或主攻部队的目标，并在造势行动和支援性攻击期间帮助钳制敌军；提供持续的火力压制，使攻击部队可以接近敌人；实施对敌防空压制；补充下级部队的反火力，以削弱或阻止敌人有效运用火炮和火箭炮；与军属其他资产协同实施远程火力打击；实施火力打击以支援对未投入战斗的敌方指挥控制节点、火力和防空网络以及监视、侦察和目标捕获资产的造势行动；提供冗余通信网络，确保火力打击不间断；攻击桥梁和其他机动运输走廊，并限制敌人的机动选择方案。

此外，野战炮兵旅还需考虑实施：打击未投入战斗的敌军；攻击敌人战役预备队和军作战地域范围内的第二梯队；迟滞、打乱和消耗反击的敌军；支援其他师、军或联合特遣部队的造势行动；延缓和瓦解正在重新配置和撤退的敌人；通过摧毁敌人的指挥与控制设施和节点阻止敌人建立有效防御。

另外，野战炮兵旅还需考虑通过反火力打击来支援进攻作战，从而实现下列目标：在攻击机动部队接近之前，瘫痪敌人的火力打击系统；阻止敌人的火力打击系统迟滞野战炮兵旅所支援的指挥部组织的对敌，并防止敌人有时间建立防御。

野战炮兵旅的火力可以支援四种类型的进攻作战，包括接敌运动、攻击、扩张战果和追击。

支援进攻作战中接敌运动要具体考虑的问题包括：准备好迅速改变火力打击的优先级，并建立火力支援协调措施；整合野战炮兵旅、联合火力和炮位雷达资产，以协助防护前进时易遭敌攻击的军未加防护的侧翼、师或其他被支援司令部资产；攻击桥梁和其他机动走廊，以限制敌人的机动选择方案，并促进形成遭遇战；靠前配置野战炮兵旅投送资产，使其射程最大化；靠前配置指挥所，以便控制野战炮兵旅的作战；制订运动计划，维持部队势头，并提供适度的响应性支援；使用无人机搜索前进的攻击（投送）资产，协助侦察路线和阵地区域，尤其是查明准备绕行的敌人；一旦态势明确，师属资产开始实施后续进攻或防御作战，将野战炮兵旅各单位的全般支援或全般支援-加强转为加强支援；配置炮位雷达、观测员和无人机系统，侦察被支援部队前方和侧翼的敌人；配置炮位雷达，掩护己方关键资产遭受到正规或非正规敌方部队间瞄火力攻击；野战炮兵旅的配置、运动与被支援部队的节奏保持步调一致。

支援进攻作战中攻击要具体考虑的问题包括：攻击作战地域外的敌军作战预备队和第二梯队部队，以孤立第一梯队部队；实施打击以减缓和瓦解正在重新部署和撤退的敌军；攻击敌人的指挥与控制设施，以防止其进行协同防御；提供支援火力，突破敌人阵地；为后续进攻作战（追击、扩张战果）制订火力支援计划；确保各路线有足够的机动力以快速转移；计划并提供火力准备，加强被支援部队的攻击；集中火力效果打击高回报目标，以满足部队指挥官制订的标准，为越过出发线创造条件；提供火力瓦解、干扰敌人的

第6章 野战炮兵旅火力运用

预备队；集中火力应对反击；提供火力支援突袭和破坏性攻击；确保炮位雷达及时就位，支援对目标区域的突击和随后的巩固行动；通过梯次运动为被支援部队提供持续的炮位雷达侦察。

支援进攻作战中扩张战果和追击要考虑的问题包括：打击正在重新部署和撤退的敌人，打乱或减缓敌人的撤退；分配尽可能多的近距离空中支援和攻击航空兵；摧毁敌人的指挥与控制设施，破坏敌人的整合与重新编组能力；在部队进行再部署或与扩张战果或追击部队一起运动时，运用现有航空兵资产和联合火力对逃跑的敌人展开持续的火力打击；制订火力计划，支援追击或扩张战果部队的侧翼和后方；提供火力以摧毁敌人的仓促防御，并对敌方部队实施持续追击；随着扩张战果和追击的继续，请求、监控和更新火力支援协调措施；对障碍物和"咽喉点"发扬火力，继续摧毁撤退的敌人；制订计划，以使用其他中继能力，并且增加第三类物资（石油、机油和润滑剂）和第五类物资（所有类型的弹药）用量；配置炮位雷达，以覆盖己方易遭受敌人正规或非正规部队间瞄火力攻击的关键资产。监控炮位雷达的目标侦察情况，以发现敌人可撒布地雷埋设迹象。

1. 任务编组与支援的关系

为了保持锐势，进攻中的火力支援通常比防御中的火力支援分散程度更高。野战炮兵旅支援进攻作战时应考虑：根据任务，将其炮兵营作为全般支援-加强力量编组给师炮兵野战炮兵营，全般支援-加强关系可以为师提供额外的火力支援，同时野战炮兵旅保留配置权和控制权；为军警戒部队提供支援；为空中突击作战或炮击提供支援。

2. 配置和运动

野战炮兵旅各单位的部署必须能够不间断地发扬火力，且处于军炮位雷达的覆盖范围内。野战炮兵旅支援进攻作战配置和运动时应考虑：炮兵营靠前配置，以最大限度地扩大射程，实施打击和反火力打击；使用空域协调措施消除射击单位阵地之间的冲突；配置炮位雷达，以便在师继续利用炮位雷达机动时维持雷达侦察范围；靠前配置野战炮兵旅指挥所（取决于任务变量）；通过梯次运动为部队提供连续掩护。

及时地转移对成功的进攻作战至关重要。野战炮兵旅部署的部队可能有被甩在后面的危险，应以同步方式增加再部署频次支援军的前进。转移应最大限度地持续发扬火力，并尽快完成火力打击。

3. 目标侦察

野战炮兵旅炮位雷达资产主要用于发现敌人的间瞄火力系统，支援军的目标工作并实施进攻作战。野战炮兵旅还可以利用炮位雷达的侦察范围来支援师，以便让师炮兵装备的炮位雷达继续随同师机动。随着态势的发展，野战炮兵旅炮位雷达资产将转向支援造势行动和反火力打击任务。野战炮兵旅支援进攻作战时实施目标侦察应考虑：在被支援司令部继续进攻行动时，尽可能靠前配置炮位雷达，以最大限度地扩大射程，并尽可能提高其灵活性；协调炮位雷达覆盖范围，确保侦察区域没有漏洞；使已方关键区域覆盖关键部队或阵地；使火力呼唤区域覆盖可疑或已知的敌人间瞄火力系统；管理整个炮位雷达的配置和运动计划。

6.4 扩张战果

扩张战果行动包括安全行动和稳定行动，并涉及针对被迂回之敌和战败残余部队的作战行动。因此，随着安全状况得到改善，部队从最初只执行最低限度的基本稳定行动，过渡到更谨慎地执行稳定行动，并将其作为主要任务。扩张战果行动需要考虑合成兵种的能力、发扬火力和管理空域的能力，但需求小于大规模作战行动。

大规模作战行动在军作战地域内结束后，军指挥机关将作战地域重新编组为适合作战变量和任务变量的区域，促进快速形成战果巩固。野战炮兵旅必须能够同时支援进攻作战行动和扩张战果行动。在作战转换时，军可以同时展开攻击和扩张成果行动。

第 7 章　野战炮兵旅维持行动

本章阐述了野战炮兵旅的维持行动。首先介绍野战炮兵旅编成内的主要保障参谋部门，尔后介绍了旅支援营，此外，还阐述了旅支援营（包括前进支援连）的关键参谋人员和编制。最后介绍了旅支援营提供的维持保障职能。

7.1　保障参谋部门

维持保障包括后勤供应、财务管理、人事部门和卫勤保障，以维持作战，直至成功完成任务。维持行动通过产生和维持战斗力来实现决定性作战或造势行动，是与保障野战炮兵旅作战范围、行动自由和耐力有关的任务和系统。

维持行动和火力之间存在一种动态关系，以火力破坏、压制或摧毁敌人以及威胁已方维持行动的敌方军事设施、战斗职能，弹药供应是规模最大、时间最敏感的维持行动之一。维持行动中，野战炮兵旅火力支援的计划工作要考虑如下问题：预测远程和精确弹药的额外消耗情况；预测野战炮兵各单位频繁、快速地随保障部队转移的情况；确保旅以上部队的弹药数量和配置充足；确保弹药运输资产充足且配置在合适的位置。

7.1.1　后勤科

后勤科负责参谋和监督补给、保养、运输、财务管理、医务和野战勤务等方面的工作。后勤参谋负责协助旅支援营的维持行动军官制订野战炮兵旅的维持行动计划。

后勤科可以使用维持保障系统为野战炮兵旅旅长提供维持通用作战图，

并在野战炮兵旅编成内履行监督职责。

7.1.2 人事科

人事科负责部队兵力和其他人力资源的维持和运用等保障事务。该科室存有野战炮兵旅所有配属和编配人员的统计记录。当野战炮兵旅接收编配人员时，人事科会引导旅属各级单位执行维持人员统计流程，并为这些单位安排必要的行政保障。人事科负责管理伤亡报告系统，该系统统计了所有在战斗中阵亡和受伤的官兵。

人事科使用自动化人力资源保障系统，协调野战炮兵旅的财务管理和医务保障事宜。该科还可以与维持保障旅的人力资源行动科保持密切协作。人事参谋负责与监察长士气保障活动进行联络。

7.1.3 牧师组

牧师组由牧师和宗教事务专业军士组成。牧师是侍从参谋，可以直接接触指挥官。

野战炮兵旅的牧师组可以为所有配属或编配的军种人员、家庭成员和被授权的平民提供宗教保障。牧师组可以就宗教、士气和伦理向司令部提出建议，这些建议会影响个人和组织任务的完成情况。牧师组要与上级部队、下级部队和友邻部队的牧师组和牧师组织进行协调，满足区域和教派覆盖要求。

7.1.4 旅卫勤人员

旅卫勤人员是特业参谋，负责操作野战炮兵旅的陆军卫生系统，并提供参谋监督和督导，其与野战炮兵旅后勤参谋协调，将旅的卫勤保障构想纳入整体的保障构想中。旅卫勤人员进行技术监督，并就司令部人员的健康状况向野战炮兵旅旅长提出建议。野战炮兵旅旅长有权作出其认为正确且重要的决定。

野战炮兵旅卫勤科要确保陆军卫生系统的运行与野战炮兵旅作战计划都得到及时的配置、整合和统筹作业。部队健康保护是陆军卫生系统的工作内容之一。虽然部队健康保护属于保护作战职能，但部队健康保护任务和陆军卫生系统，均由旅卫勤人员领导、制定卫勤计划并执行。这些任务需要在作战计划和命令的单独附件中予以阐明，卫勤保障需要在保障附件中阐明，部队健康保护需要在保护附件中阐明。

7.2 旅支援营

旅支援营是野战炮兵旅建制内的维持保障单位。该营营长是野战炮兵旅旅长的高级后勤军官，也是旅作战行动维持保障事宜的首席顾问。该营可以向旅提供通用补给、燃料和弹药。燃料储存、水净化能力以及野战炮兵旅作战所需的其他运输资产则源自外部资源。

旅支援营要制订计划并协调满足野战炮兵旅各单位的补给要求，这些补给已提前规划且有时间要求，例如对第一类、第二类、第三（B）类、第四类、第五类、第九类物资和水的补给的要求。旅支援营既可履行战地维护和抢修的职责，也可以作为弹药转运存储站来运营。旅支援营要计划并协调保障殡葬事务，也配属额外的保障能力，包括配属模块化供应、运输和弹药连。连规模的卫勤单位通常不会配属给野战炮兵旅支援营，但根据任务需要，有时会配属较小的卫勤分遣队。

7.2.1 组织编成

旅支援营由营部与勤务连组成。勤务连由三个排组成：营部排、保障排和维修保养排。旅支援营是固定编制的营部单位，通过配属各种要素来获取支援任务的能力。营部与勤务连可以为担负特定任务的配属分队提供营一级的监督和协调。前进支援连不是旅支援营的建制分队，而是根据需要编配给旅支援营的。

前进支援连可以通过编组，为野战炮兵营营长提供专门的后勤资产，以满足营的需求。前进支援连可以提供散装燃料、通用补给、弹药和战地维护保养。前进支援连连长接受旅支援营营长的技术后勤监督和指导，且必须与旅支援营保障行动军官保持沟通。旅支援营营长通过保障行动军官确保所有前进支援连连长了解他的旅后勤保障计划。

野战炮兵旅的每个野战炮兵营有一个前进支援连。野战炮兵旅的前进支援连根据其保障的火炮类型不同而有所不同，但该连也具备其他任何前进支援连的基本职能。根据被支援野战炮兵营营长的指示，前进支援连连长负责执行野战炮兵旅所属营的保障计划。

前进支援连编有连部直属班、配送排和维护保养排。配送排和4个班可以根据任务进行编组，配送第二类（被装和个人装备）、第三类、第四类（建筑材料）、第五类和第七类（大宗成品）。维护保养排因所保障营的装备和主要武器系统不同而不同。一般来说，维护保养排由排部、维修控制分排、战地维修保养分排、保养和抢修分排以及数个战地维护保养队组成。

7.2.2 营长

通常，野战炮兵旅维持行动由于幅员较大、复杂程度较高，因此需要司令部进行监督。旅支援营营长可以代野战炮兵旅旅长履行此职能，其具体职责包括：就旅所有行动的维持保障问题向野战炮兵旅旅长提出建议；为了有效实现野战炮兵旅旅长的意图，向旅支援营参谋人员和野战炮兵旅后勤保障参谋提出指示；统筹执行野战炮兵旅后勤事务；推动必要的后勤计划工作，理解、构想和阐述作战环境；作出决策并进行阐述；指导、领导和评估军事行动；跟踪和控制维持行动，包括指导战术后勤保障和人员保障；建议并保持优先的后勤保障；协调旅支援营各分队的位置；指示野战炮兵旅保障参谋部门与上级单位、下级单位、被支援单位、支援单位和友邻单位之间的协调；定期向野战炮兵旅旅长和指挥机关汇报后勤更新情况；任务完成后，评估下级单位的后勤和人员战备情况。

7.2.3 保障行动军官

旅支援营的保障行动军官是负责协调旅支援营针对野战炮兵旅所属或配属单位行动的首席参谋军官，负责根据野战炮兵旅的要求行使旅支援营的能力。该军官负责计划、准备和监督野战炮兵旅支援营为其作战行动实施的所有保障行动；此外，还负责为所有维持行动提供技术监督，是被支援野战部队各单位和维持保障旅之间的关键接口。

保障行动军官负责将旅支援营维持需求传达给维持保障旅。由保障行动军官与野战炮兵旅作战参谋、人事参谋、后勤参谋、旅支援营情报参谋和作战参谋协同确定各类需求。保障行动军官要进行保障准备，并就保障需求与可用支援资产之间的关系向指挥官提出建议。该军官要计划、监控并进行必要的调整，以确保满足保障要求。保障行动军官还要检查旅支援营的后勤报告。

旅支援营保障行动军官的职责包括：制订保障野战炮兵旅作战的后勤计划；就外部后勤保障问题向上级指挥部提出建议；就当前和未来的保障需求和能力与提供保障的维持保障旅进行协调；基于保障和后勤考虑事项，进行战场情报准备；协助野战炮兵旅后勤参谋维护通用作战图；协调各类补给物资；监控、分析和评估维护趋势和故障，并就维护问题的解决方案向指挥官提出建议；监控、评估和预测供应需求；为特殊需求规划运输保障方案，如伤员后送或重型装备运输保障；协调食物准备、水净化、殡葬事务、淋浴、洗衣和衣物修补等；向指挥官建议维持保障事务的优先事项；协调保障合同签订；与陆军装备司令部（国防后勤局）协调战地勤务代表保障事宜；协助提供野战炮兵旅计划和命令中所涉及维持的内容；负责协助野战炮兵旅后勤参谋制订和协调"维持行动"及其保障附件，包括野战炮兵旅计划和命令中的保障部分（与野战炮兵旅人事参谋、军法官、卫勤人员和牧师协调）和东道国保障部分。

7.2.4 作战合同保障

作战合同保障是从商业资源处获取物资、服务和施工制订计划的过程，用以保障军事行动。作战合同保障由三个互补功能组成：整体合同保障、合同签订保障和承包商管理。作战合同保障过程中有三种类型的保障工作要考虑：战区保障、外部保障和系统保障。

旅支援营营长、保障行动军官和野战炮兵旅后勤参谋应了解使用作战合同保障所涉及的风险。必须根据承包商的可靠性和可用性来权衡保障需求的重要性。在大规模作战行动中，作战合同保障仅限用于军后方分界线前沿。除此之外，可联系系统保障军士。

7.3 维持保障职能

野战炮兵旅和下级部队的保障构想要求旅支援营为野战炮兵旅提供维持

保障，并监督野战炮兵营前进支援连的保障活动。旅支援营为野战炮兵旅建制分队、旅配属和编配的分队提供保障。

一般来说，所有补给类别（除第八类卫勤）都是从提供保障的维持保障旅直接运输到前进支援连的。维持保障旅可以提供旅支援营不具备的后勤能力，如提供水净化和散装燃料，或其他运输能力。

7.3.1 物资保障

1. 第一类物资（口粮）和水

野战炮兵旅各单位携带预先确定的补给进行部署。在部队最初的集结行动期间，保障储备始终处于运输状态。保障需求的变化与作战环境的变化一样迅速。旅支援营的重点是配送行动，在适当的时间将适当的物资运送到适当的地点，以保障野战炮兵旅的作战行动。

2. 第二类和第三类（被装）

通常，野战炮兵旅配备30天的通用耗材。炮兵连补给中士负责维持适量的第二类物资，尤其是化生放核防护设备（1~3套）。根据需要，野战炮兵旅的牧师组可以利用合理的部队资金订购牧师用品（宗教保障的基本要素）。车辆还可以携带少量常用的包装石油产品，满足即刻使用的需求。部队标准作业程序对这些负载有明确的规定。

炮兵连或其他连队的补给中士可以使用陆军全球指挥保障系统订购和补充物资。在野战炮兵旅配送点（通常在野战炮兵旅保障地域内），物资可以交给提供保障的前进支援连，再分发给相应的炮兵连或其他连队。这些物资可以与下一个后勤包同时运送给前沿地域，也可以在需要时立即运送。

3. 第三类（油料）

野战炮兵旅通常配备装有半箱燃油的燃油箱、净化油和空的油料罐。燃油在野战炮兵旅抵达联合作战地域后发放。

炮兵各营后勤参谋根据当前或即将遂行的任务预估其部队的燃油需求。野战炮兵旅后勤参谋根据营的预估和报告，估算旅的再补给需求。野战炮兵旅后勤参谋将预算提交给旅支援营保障行动军官。预算取决于部队的标准作业程序，但通常覆盖到第二天之后的72小时或96小时。前进支援连可以使用重型增程机动战术卡车装载处理系统燃料舱，靠前配送给炮兵连、指挥所

第7章 野战炮兵旅维持行动

和配属分队。

4. 第四类（构工材料）

野战炮兵旅各单位可以部署数量有限的第四类物资，主要用于保护部队外围和关键阵地。构工材料被认为是部队的基本负载，通常由战术车辆运送。

炮兵连补给中士使用陆军全球指挥保障系统从旅支援营订购、补充第四类物资。物资从配送点送给野战炮兵旅各单位，或与下一个后勤包同时运送给前沿地域，也可以在需要时立即运送。

5. 第五类（弹药）

战斗负载是指官兵在紧急战斗行动中，战斗和生存所需的、任务必需的最少装备和补给，由负责执行任务的指挥官确定。部队随行携带的弹药是指在离开装载空港之前发放的弹药。

营后勤参谋根据炮兵连后勤情况报告中提供的信息，以及其指挥官和作战参谋所给予的指示，确定弹药再补给需求。野战炮兵旅后勤参谋要根据营的预算和报告，咨询野战炮兵旅作战计划人员后，进行再补给预算。预算报告要提交给旅支援营的保障行动军官。

为了遂行战术行动任务，战术计划人员需要确定他们的弹药需求并制订所需补给率。作战参谋要计算每件武器每天的所需补给率。后勤参谋要确定可用库存和到期库存（以及重新配送要求）。战役级计划人员要考虑所需补给率、可用库存和到期库存，以及确定受控补给率的战术情况。受控补给率限制了弹药供应短缺时的授权和发放量，或被指定为指挥控制物品的授权和发放量。如果已建立受控补给率，指挥官（指定代表）要确定弹药的授权和优先级。已确定的所需补给率要经过各级作战指挥部批准。经批准的所需补给率或指定的受控补给率要发送至各级作战指挥。逐级发放给各单位指挥官后，他们可以对所需补给率和受控补给率进行修改。

营后勤参谋可以使用陆军全球指挥保障系统，为其前进支援连编制陆军部电子表格第581号（弹药发放和上交申请），并将电子版表格发送至弹药供应机构、弹药供应点或转运点和储存点。补给通常由野战炮兵旅弹药转运点和储存点（通常在野战炮兵旅支援地域内）发放给前进支援连。他们可以与下一个后勤包同时运送给前沿地域，也可以在需要时立即运送。任何时候

101

都要清点弹药和爆炸物,确保人身安全。

6. 第七类（替代装备）

根据《编制与装备修订表》,各单位应配备全部所需装备。联合作战地域内可以发放其他装备,例如,目标侦察排和通信网络保障连等部队可以在联合作战地域接收非标准装备。炮兵连和其他连队指挥官必须确保他们的补给中士通过装箱单或库存中的手写收据,对新装备进行盘点。新装备必须通过营后勤参谋和野战炮兵旅后勤参谋报告给相应的财产登记官。

依据部队标准作业程序,野战炮兵旅作战和后勤参谋可以通过指挥渠道报告损失情况,来补充第七类物资。基于此,指挥官能够随时了解下级指挥部的作战状态,并将物资分配给需求最为急迫的部队。第七类替代装备交付给支援地域内的野战炮兵旅后,野战炮兵旅后勤参谋和旅支援营保障行动军官应确认替代装备（例如,M270式A1多管火箭炮）是否与其基本发放物品、额外授权清单、弹药和乘员一起交付。

在将野战炮兵旅指挥所、目标侦察排和通信网络保障连的低密度专用设备归类为损坏设备之前,可能需要进行多次评估。在将损坏的设备返回给补给系统之前,应仔细管理。

7. 第八类（医疗物资）

通常情况下,卫勤单位配备3~5天的消耗性医疗物资,所有炮兵连和其他连队配备完整的战斗救生袋。最初,根据战区伤亡预估情况,可以向野战炮兵旅区域保障医疗连和每个野战炮兵营医疗排提供维持保障物资。单个官兵应配备180天的处方药。在部署时,官兵们必须向其医疗保障单位告知他们的具体需求,以便卫勤后勤系统能够及时维护这些处方。

医疗物资的再补给是通过医疗渠道进行的。野战炮兵营医疗排人员负责维护医疗设备。战斗救生员和炮兵连或排医务兵从本单位医疗排获得救援袋的补给。为了防止不必要地消耗毯子、担架、夹板和其他医疗设备,收治患者的医疗机构（如区域保障医疗连）在陪同患者时可以与营医疗排交换类似资产。

8. 第九类（维修零件）

野战炮兵旅编成内的每个炮兵连或其他连队都储备并部署了用于维修零件（如武器和无线电维护）的战斗备件。战斗备件是一组规定的装载清单、车间库存和工作台库存。这些储备基于历史需求，通常规定储存30天的供应量。炮兵连或其他连队的战斗备件不在营一级进行汇总，而是保留在炮兵连或其他连队一级。支援野战炮兵营的前进支援连也有战斗备件或车间储备，以支援车辆、发电机和其他设备的维修。

炮兵连或其他连队补给中士和维修人员可以补充战斗备件，并通过旅支援营订购所需的其他部件。第九类维修零件申请要根据指挥官的维护优先级和需求进行排序。

9. 第十类（非标准物资）

提供物资来满足平民的紧急人道主义需求是东道国的责任，补充物资通常由国际组织或非政府组织及其他机构提供。一旦野战炮兵旅的主要工作变成稳定行动，那么后勤参谋就要与旅支援营保障行动军官和民事行动参谋（如果存在）协调并确定程序，从而明确订购（购买）或捐赠物资的数量。这些物资被列为第十类物资，用于人道主义援助和其他项目，以恢复对满足当地正常预期至关重要的服务事宜。野战炮兵旅可以通过军用车辆运输此类物资。

7.3.2 维护保养

旅支援营是一个固定编制的指挥部所属单位，通过遴选各部队配属分队获得其保障能力，从而完成对任务的保障。维持保障旅可以提供，如运输资产这种后勤保障能力，这些能力并不在旅支援营建制内。维修保养是指将装备保持在可用状态或恢复其使用功能所采取的所有行动。陆军采用两类维护保养系统，包括野战维修系统和保障维修系统。

指挥小组、维护人员和计划制订人员必须完全了解两级维护的基本原理，以便制订正确的计划并完成任务。维护的必要性在于维持装备持久耐用，并可以在战术层面至战略层面进行。

1. 野战维修系统

野战维修系统是指经过补给系统内的维护、修理操作，再送回用户的完整过程，包括由操作员和驾乘人员执行的维护操作。该类维修作业通常既涉及可更换的线路单元、组件，也包含战斗毁伤评估、维修和抢修这一系列操作，重点是使系统恢复作战功能。维修作业不局限于拆卸和更换，还可以进行调整、校准和故障诊断。野战维修系统包括部队一级的所有活动，以使装备能随时进入战备状态。

炮兵连和其他连队的连长要确保车辆乘员和装备操作员执行预防性维修保养检查和勤务处理。为了快速解决维修问题，每个炮兵连或其他连队都配备前进支援连派遣的野战维修小组，专门为其提供保障。这些野战维修小组配备了联络维修车和接受过本连装备培训的机械师。

每个野战炮兵营都配属了提供保障的前进支援连来展开维修作业。前进支援连的主要工作是用负载规定清单和车间库存中的战斗备件更换线路和单元。前进支援连编有一个维修排，负责维修汽车、武器、地面保障装备、电子装备和导弹装备。该连设有勤务和抢修班，负责战损评估和装备维修工作。前进支援连的维修控制班可以使用陆军全球指挥支援系统来订购维修零件并管理战斗备件。前进支援连连长可以与野战炮兵营后勤参谋协调建立维修收容站。

低强度装备（如野战炮兵旅指挥所和通信网络保障连配备的）的维修通常由陆军文职人员或承包商负责。尽管旅支援营保障行动军官不用监督承包商，但保障行动军官要确保为承包商维修工作制定具体的管理程序。

战斗毁伤评估与维修指通过对部件进行现场应急维修，将失效装备快速送返部队。这种类型的维修可以恢复最基本的作战能力，以保障完成任务或实现装备的自我修复。

通过旁路部件或安全装置，将部件在类似或较低优先级的设备上重新安装、制造维修部件，以快捷方法完成标准维护，使用替代液体、材料或部件，完成战斗毁伤评估和维修工作。根据所需的维修工作量和可用时间，经过维修作业后，车辆不一定能完全恢复到能够执行任务的状态。

前进支援连负责抢修本单位及其被支援部队的受损装备。如果车辆可维修，炮兵连或其他连队会进行维修，并将其运输至维修收容站或最近的主要补给路线，这具体取决于野战炮兵旅或部队标准作业程序规程或作战命令规定。

当决定在野战炮兵旅保障地域内维修装备时，可以通过抢修或后送的方法展开作业。如果前进支援连的抢修资产延伸地域过大，可以与旅保障地域（BSA）协调展开抢修保障，防止维修延迟过高。如果装备在旅保障地域内难以维修，则会被后送到维持保障旅所属部队。

受控交换指从已失效的装备上拆除可用部件的行为，此种做法的目的是替换另一个装备的相似部件，使其恢复到战斗状态并立即将装备再次投入使用。旅级指挥官可以为受控交换制订指导方针。

系统承包商根据预先签订的合同为已部署的部队提供保障；在驻军和应急行动期间，其可以保障装备的整个寿命周期。

承包商相关人员由其合约公司主管军官进行管理。承包商的管理是通过合同签订管理渠道，按照合同条款完成的。大多数承包商主管和系统保障合同签订军官实际上都不在野战炮兵旅。野战炮兵旅可以通过其指定的合同签订军官代表管理并保障承包商的日常作业。陆军装备司令部的陆军野战支援营以全般支援为基础为野战炮兵旅提供装备体系保障。

后勤民事加强计划和系统保障合同是最常见的外部保障合同，用于保障野战炮兵旅的维持行动。后勤民事加强计划的工作内容是通用补给、运输、维护、通用工程和基地保障服务，其后勤保障可通过按区域部署的陆军野战支援旅或陆军野战支援营获得。

2. 保障维修系统

保障维修是指系统外部件维修或成品维修，再回到补给系统，由国家级维修供应商执行。该级别维修的目的是对所有接受保障的部件进行系统外维修，以达到一致且可测量的可靠水平。该部件通过配送系统退回到保障维修系统。修理完成后，部件作为可用资产返回配送系统。

不可用部件的后送是维修的部分工作。"可修复"是指可以经济、高效地修复。当可修复部件（如柴油发动机或涡轮燃料控制）出现故障时，可以用已修复或重建的部件替代，通常不需要更换新部件。

前进支援连的机械师每次订购可回收零件时，必须将无法使用的零件返还给补给和配送连的补给保障小队。然后，这些无法使用的零件被送回支援旅的补给保障机构，由能够进行保障维修的前进维修机构修理。修理后，可用零件将送回补给系统，以便重新发放。

7.3.3 战地勤务

战地勤务包括野战给养、空中投送，以及为官兵提供其他勤务事项（洗衣和淋浴保障、殡葬事务、食品服务、住宿和卫生）和兵力培养活动。

第一类物资由一个野战给养连提供，该连配属给一个提供支援的战斗维持保障营。该连负责食品准备工作，可以为营和建制内人员提供食品服务，可以分发预先包装好的食物或准备好的食物。

殡葬事务是对已故人员遗体的回收和鉴定，由每个炮兵连或其他连队负责。炮兵连或其他连队的二级军士长负责监督事件陈述文件的准备工作，文件随同遗体一起运送至营遗体收容站。通常，这些遗体收容站靠近战斗辎重队，但不靠近医疗保障单位。

必要报告完成之后，遗体将被后送到野战炮兵旅的遗体收容站——通常位于野战炮兵旅支援地域内的部队殡葬事务收容站。之后，收容站遗体被后送到殡葬事务连设立的殡葬事务收集点。

7.3.4 人力资源保障

野战炮兵旅的人事参谋是人力资源保障现役人员和文职人员所有事务的协调参谋。野战炮兵旅人事参谋的编组、职责和岗位详见第2章。

1. 伤亡行动

旅和营的人事科是战区伤亡行动网中的关键要素。野战炮兵旅人事参谋要对每次行动提出伤亡估计。在伤亡行动中，人事参谋最重要的一项职能是，确保以所需格式及时、准确地报告所有伤亡情况，确保准确、迅速地通知直系亲属，并负责官兵身份变化的管理工作。

伤亡报告工作的开始地点是伤亡人员的受伤地点，通过指挥链逐级报告，随后通过现有的、最便捷的方法报告给营人事部门。在将伤亡数据传输给旅人事科之前，营人事参谋要接收并验证数据是否准确。野战炮兵旅人事科是伤亡数据进入国防伤亡信息处理系统的入口，并负责将报告转发给野战炮兵旅上级指挥部的人事助理参谋长（G-1）。校级军官或其指定的校级军官代表必须验证伤亡报告的准确性和完整性。

最终，所有伤亡报告的处理都在战区伤亡援助中心进行，并转发给人力资源司令部的伤亡和纪念事务行动中心。由于野战炮兵旅人事参谋编制的防务伤亡信息处理系统报告将由多个指挥层审查，因此报告的准确性和及时性至关重要。野战炮兵旅人事参谋要为指挥官准备吊唁信，并为伤亡人员授予紫心勋章；要妥善准备处理其他任何追授奖项和追授晋升事宜。

2. 人员战备管理

人员战备管理是指根据文件提出的需求、授权和预测分析来分配官兵的过程，从而帮助指挥官明确优先事项。兵力管理、兵力分配、轮换作业和人员战备状态报告，都是人员战备管理的要素。

根据指挥官确定的填补优先级，野战炮兵旅人事参谋负责在旅编成内作出人员分配决策，以防出现短缺问题。人员战备管理是个持续过程，是野战炮兵旅人事参谋组织的人员研判的最终目的。

7.3.5 其他保障

1. 宗教

野战炮兵旅牧师组负责组织服务于下级指挥机关的牧师组工作。牧师组必须确保为野战炮兵旅所有官兵提供宗教保障。通常情况下，炮兵连、其他连队或分队在没有牧师组保障的情况下由野战炮兵旅的牧师组为其保障。其他军种人员和授权平民可能需要区域宗教保障。野战炮兵旅师组负责制订宗教保障计划，通常以附录的形式附在命令后，确保为野战炮兵旅官兵提供协调一致的宗教保障。宗教保障计划应涉及：提供区域保障；覆盖各种教派；使用特色鲜明的宗教团体领袖；造成大规模伤亡的可能性；协调红十字会解决家庭问题；战斗后的压力管理；向关键领导者提供教牧关怀和咨询。

牧师可以就司令部政策、计划和行动的道德、伦理和宗教性质及其对官兵的影响向指挥官提出建议。牧师组通常具有双重任务，既担负参谋的任务，也担负提供宗教保障的任务。作为专业的宗教参谋顾问，牧师负责研究和解读与特定作战地域有关的文化和宗教环境。他们可以协助民事人员分析当地的宗教组织、风俗习惯、教义、象征以及神社和圣地的意义。条件合适时，经指挥官指示，牧师可以组织官兵与领导人接触当地宗教组织的活动。

2. 法律

野战炮兵旅军法官通常配置在野战炮兵旅基本指挥所，就国家安全法、军事司法、行政法、合同和财政法以及其他法律问题向旅长和参谋部提出建议。野战炮兵旅法律科还要为下级指挥官及其参谋提供所有法律职能方面的保障。

3. 医务

野战炮兵旅没有建制内的医务连。旅部和旅部连医务分排由卫勤队和医疗后送班组成，陆军卫生系统对野战炮兵旅提供保障。医务连区域保障由多功能医务营提供支援，可以为野战炮兵旅提供2级陆军卫生系统保障。此外，它还在区域保障的基础上为所有其他指定和配属的组织提供2级保障。

7.4　保障地域

保障地域是用于保障部队的维持分队、部分参谋部门和其他保障部门所在的指定地域。保障地域隶属于作战地域，通常位于野战炮兵旅的支援地域内。旅保障地域是维持分队为旅提供保障的指定区域。

辎重队是一个由人员、车辆和装备组成的单位，是基本的战术维持组织，用于提供维持保障。野战炮兵营通过辎重队安排其下级的维持分队，包括其前进支援连。战斗辎重队，包括所配置的营后勤和人事参谋，通常由营部连连长指挥。战斗辎重队的编成和位置因编配或加强野战炮兵营的部队数量不同而不同。

旅保障地域由旅支援营占用的一个或多个基地组成，且面积与地形有关，是野战炮兵旅的后勤、人事和行政中心。它还可能包括由野战炮兵旅预备指挥所（如已开设）、营战斗辎重队、前进支援连、防空反导资产、通信资产以及来自上级指挥部（师、军或联合特遣部队）的其他维持部队占据的区域。该地域可能由其上级指挥部支援地域的一个或多个基地或基地群组成。野战炮兵旅作战参谋可以与野战炮兵旅后勤参谋、旅支援营营长和保障行动军官合作确定旅保障地域的位置。旅保障地域的位置应确保能够维持对野战炮兵旅的保障，但不会干扰野战炮兵旅部队的行动，更重要的是不得干扰必须通过旅保障地域的部队的战术调动。旅保障地域通常位于师、军或联合特遣部队支援地域的主要补给线附近，理想情况下不在敌人中型火炮的射程范围内。旅保障地域的入口位置应远离敌人可能的接近路。

如果野战炮兵旅基本指挥所内行政和后勤规模过大，野战炮兵旅旅长可以为维持行动设置预备指挥所。在通信链路足够时，旅支援营指挥所要能够承载野战炮兵旅的维持单元。

7.4.1 位置

所有的保障地域都有相似之处：掩护和隐蔽条件（自然地形或人造建筑物）；用于疏散的空间；水平、坚实的地面，以支撑车辆交通和维持行动；合适的直升机降落场；良好的道路或小径网络，包括进出该地域的良好路线（进出路线最好分开）；通往侧向道路的通道；位于主要补给线沿线或通往主要补给线的良好通道；远离敌人可能接近路的道路。

7.4.2 警戒

必须组织维持分队，做好防御地面或空中攻击的准备。由于通常情况下，敌人攻击占领机动部队保护的区域，因此，最好的防御是避免被发现。以下活动有助于确保辎重队安全：严格遵守运动和部署纪律，管制噪音和灯光以防敌侦察；建立环形防御；组建观察哨和巡逻队；配置用于自卫的武器（轻武器、机枪和反坦克武器）；计划相互支援的阵地，控制可能的接近路；制订火力打击计划并调制火力计划要图；确定火力打击区域；设置目标参考点以控制火力与使用间瞄火力；将辎重队内可用的战斗车辆（如等待维修的车辆或）人员纳入计划，并在车辆离开时调整计划；进行演练；制订休息计划；确定能够在无须进一步指示的情况下快速运行防御计划的警报或预警系统，警报、预警系统和防御计划通常包含在部队标准作业程序中；指定一支反应部队，并确保部队配备执行任务所需装备，这支部队必须进行演练或简要通报部队集结情况、己方和敌军部队识别以及接敌行动。

7.4.3 补给路线

主要补给路线是指为维持作战指定的主要交通路线，可根据地形、己方部署、敌情和机动方案进行选择。如果主要补给路线被敌人阻拦或过于拥挤，则需筹备预备补给路线。

在化生放核环境中作战，野战炮兵旅化生放核军官或作战参谋要与上级指挥机关合作检查，确定干净和染毒路线的位置，处理染毒车辆以及其他交通情况。确定受污路线后，指挥所有染毒车辆和人员避开该路线。在重新加入未染毒车队之前，染毒车辆要先前往洗消点。预备补给路线应符合与主要补给路线相同的标准。路线考虑因素包括：下级单位的位置和计划好的机动方案；路线特征，如路线分类、宽度、障碍物、陡坡、急转弯和道路表面类型；双向、全天候通行能力；桥梁和涵洞的分类；交通控制要求，如在交通阻塞点、拥挤区域、混乱交叉口或居民区沿线；从主要补给路线到预备补给路线的交叉路线的数量和位置；道路、涉水地点和桥梁的维修、升级或维护要求；必须保护的道路"薄弱点"，例如桥梁、浅滩、居民区和瓶颈点；敌人的威胁，如空袭、常规和非常规战术、地雷、伏击和化学打击；已知或可能的敌人渗入、攻击、化学打击或障碍物位置；必须加以控制或监测的已知或潜在难民运动。

第 8 章 师以上部队炮兵火力运用

8.1 战区火力司令部与多域特遣部队

随着中俄军事力量的发展，美军需要的远距离上协调远程导弹打击能力已远远超出传统司令部的指挥和控制能力，美国陆军所面临的任务目标需要重新调整。美国陆军驻欧洲和印太地区的军事力量经历新一轮整顿后，战区火力司令部也随之成立，目的是履行战役指挥职责，组织影响深远的打击行动。除此之外，承担作战任务的多域特遣部队也顺势诞生。通过整合所有战争领域（陆、海、空、天、网络空间）的资源和信息，多域特遣部队可以在特定时间窗口形成多重优势，击败敌人。

8.1.1 战区火力司令部

由于美国陆军新兴的多域作战能力，其核心要素之一是部署先进的远程打击武器，因此需要其掌控更大规模的联合部队，并为其指挥官协调地对地火力及其他能力。陆军在集成远程火力（包括射程为 50~2000 千米的新一代地对地火力，例如身管火炮、导弹、巡航导弹等）、近程火力和其他军种的超远程火力系统等方面将面临巨大挑战。

战区火力司令部的建立旨在应对上述挑战，包括研究如何以更强大的能力提供超远程火力支援，协调支援联合合成兵种机动；探索如何运用人工智能技术，改善和加快推进超远程火力系统的应用和保障；陆军如何与其他军种力量融合，协调联合部队地面组成部队司令部和联合部队司令部的地对地火力及其他效能，帮助实现联合部队目标。

战区火力司令部可提供一种系统解决方案，即将陆军的超远程火力与联合部队进行整合，增加实施纵深打击和攻击纵深时敏目标的选择方案。根据作战区域内的不同情况，战区火力司令部可能必须采用不同的部署形式和规模，以最大限度地发挥其效用。根据不同的物理和政治环境，欧洲司令部和印太司令部，适合布署未来战区火力司令部。

1. 欧洲战区火力司令部

美军针对俄罗斯的几个关键优势：远程常规打击力量强、前沿部署的战略远程低空导弹火力强、地面部队到达北约东部国家的重要目标距离相对较短等，在作战行动中布署了远程地对地打击系统，如图 8-1 所示。多管火箭炮系统（射程约 60~85 千米）、陆军战术导弹系统（射程约 150~300 千米）和远程精确打击导弹（射程约 500 千米），为战区火力司令部在该战区的部署和使用提供了多种选择方案，能够削弱敌方的一体化防空系统，与纵深攻击能力形成互补，达到同时开火，产生协同效应的目标。

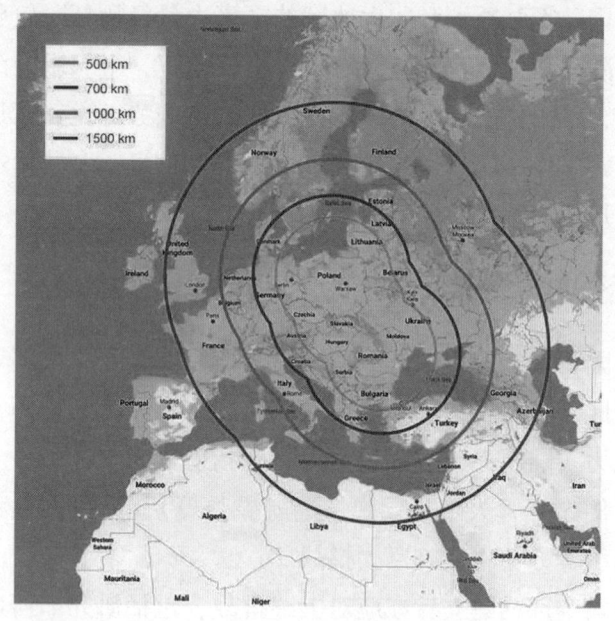

图 8-1　远程火力部署使用的多种选择（欧洲司令部）

2. 印太战区火力司令部

在印太地区，中国被列为美国的强大对手。受"反介入/区域拒止"能力概念的影响，美军缺乏向西太平洋地区投射力量的能力。因此在该战区，可供战区火力司令部的选择部署方案较少。虽然如此，中程陆基巡航导弹也有足够的射程来覆盖该地区的大多数目标，而以菲律宾为基地，则可很好地利用这类火力，如图 8-2 所示。

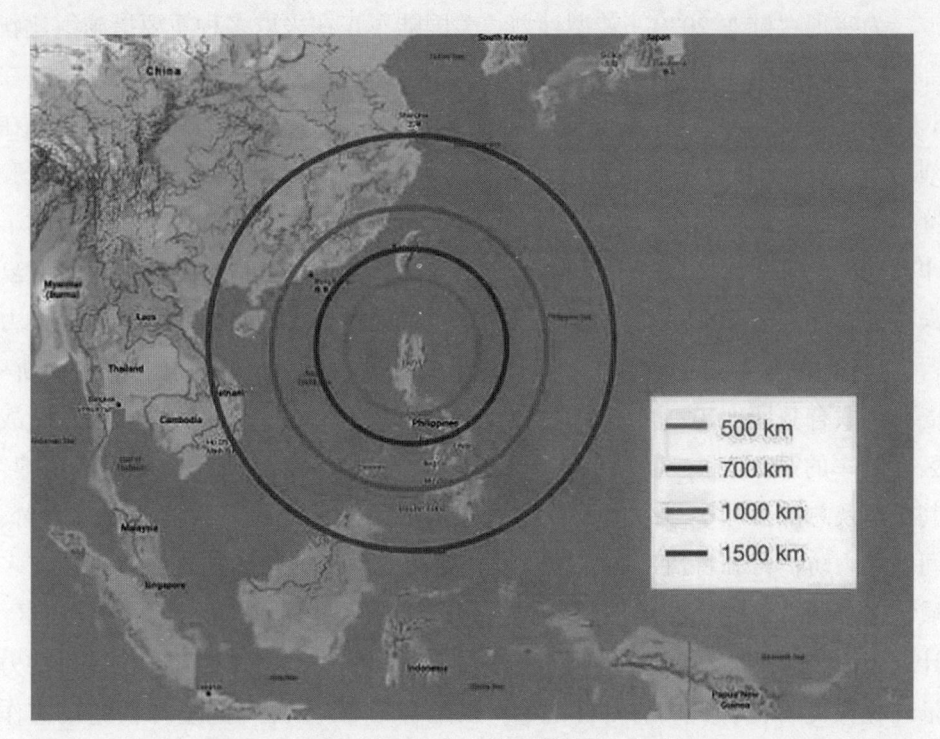

图 8-2　距离对超远程火力效用的限制（印太地区）

8.1.2　多域特遣部队

以近几年来的部队现代化建设和编制调整为基础，美国陆军正在推进一项重大的部队结构转型计划，并为此发布了最新白皮书——《陆军部队结构转型》，以期使陆军能够培育以多域特遣部队为主的新质作战能力。《1号文件：推进陆军多域转型，谋取竞争和冲突胜利》将多域特遣部队描述为"战区掌握的机动部队，旨在同步所有作战领域中的精确效果和精确火力，对抗所有作战领域中的敌方反介入和区域拒止力量体系，保障联合部队按照作战计划的指导执行其任务"。该部队属于美国陆军的改革编成形式，是服务多域作战需要的"重头戏"。

1. 多域特遣部队基本情况

美国陆军于 2016 年 10 月正式提出"多域作战"的概念，2017 年开始组建多域特遣部队，通过整合所有战争领域（陆、海、空、天、电、网）的资源和信息，在特定时间窗口形成多重优势，以击败敌人。

为实现"陆军2030"转型计划，美国陆军正在采取多种重要措施组建新部队以优化部队编制结构，其中最重要的措施是组建5支多域特遣部队。在5支多域特遣部队中，2支隶属于太平洋陆军司令部，其中于2017年3月在刘易斯-麦科德联合基地组建的试验性多域特遣部队在完成为期3年的试验鉴定后，已正式转化为印太战区的第1支多域特遣部队；2022年9月组建了印太战区的第2支多域特遣部队（陆军的第3支），总部设在美国夏威夷夏夫特堡，计划于2026财年完成组建，下设1个多域效能营、1个远程火力营、1个间瞄火力防护营和1个特遣部队支援营，部分部队将驻扎在刘易斯-麦科德联合基地；2021年9月完成组建的另1支多域特遣部队部署在欧洲战区（陆军的第2支），隶属于陆军欧非司令部，计划于2025财年完成组建，其总部及总部营和多域效能营驻扎在德国威斯巴登，其下级的远程火力营、间瞄火力防护营和特遣部队支援营将驻扎在美国纽约州德拉姆堡；第4支多域特遣部队总部驻扎在美国科罗拉多州的卡森堡，但重点关注太平洋战区，计划于2027财年完成组建；第5支多域特遣部队总部将作为陆军全球机动力量驻扎在美国北卡罗来纳州自由堡，以配合第82空降师的全球快速反应作战需求。

多域特遣部队下辖四个营：一个情报、信息、网络、电子战和太空（I2CEWS）营，负责获取并整合美军各军种情报、侦察和监视平台资源，具备电子战、网络战能力；一个战略火力营，下辖"海马斯"火箭炮连、中程火力连和远程高超音速火力连，负责远程精确火力打击；一个防空营，负责防空与导弹防御；一个旅支援营，负责提供管理和技术支援，如图8-3所示。

多域特遣部队能进行情报收集与融合、提供非动能/网电效能以构建作战形势，遂行远程精确火力打击以支持联合部队机动，旨在增加陆军保护联军/（盟军）的纵深和规模，是"多域作战"概念从理论到能力转化的核心力量，为满足不同战区联合作战司令部的需求，每支多域特遣部队从战役级到战略级皆可定制，不同战区可根据自身需求在通用编制基础上增减部队，进行差异化编配。下面对第1多域特遣部队的最新编制及作战运用进行了详细的阐述。

第 8 章　师以上部队炮兵火力运用

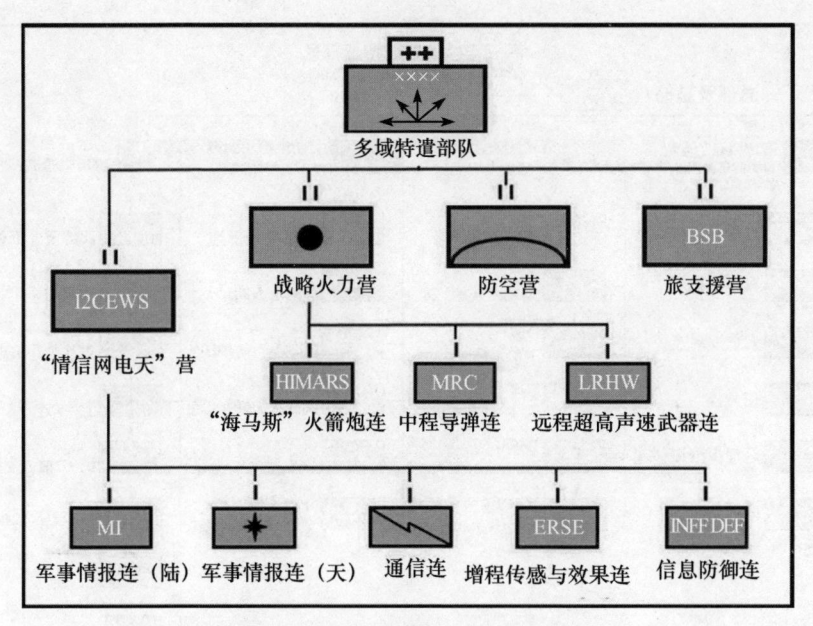

图 8-3　多域特遣部队标准编成概念图

截至 2024 年 4 月，第 1 多域特遣部队编有总部及总部营、第 1 多域效能营、第 3 野战炮兵团第 5 营（远程火力营）、第 51 防空炮兵团第 1 营（间瞄火力防护营）和第 1163 特遣部队支援营（原旅支援营），其编制结构如图 8-4 所示。据美军全球兵力管理系统数据计划（GFM-DI）透露出来的小部分 2022 财年编制与装备表（TOE）显示：多域特遣部队的标准代码为 06490K000，总部及总部营的标准代码为 06492K000，其情报组地理空间单元共编制 3 人（三级准尉地理空间工程技师 1 人、上士地理空间工程军士 1 人、专业军士地理空间专业兵 1 人）；作战组编制相关化生放核专业的有上尉参谋 1 人、三级军士长 1 人；计划组编制上尉工程参谋 1 人、上尉计划参谋 1 人、三级军士长作战军士 1 人、三级军士长作战士官 1 人。

2. 第 1 多域效能营

多域效能营在原来情报、信息、网络、电子战与太空营的基础上优化而成，负责获取并整合各军种情报、侦察和监视平台资源，具备网络作战、电子战能力和部分太空情报能力。该营由营部及营部连、通信连、军事情报连、太空控制连、远程探测评估连和信息防御连组成，其编制结构如图 8-5 所示。

115

```
                            第1多域特遣部队
                            刘易斯-麦科德联合基地
总部及总部营  HHB

MDEB  第1多域效能营        第3野战炮兵团第5营   IFPC  第51防空炮兵团第1营   BSB  第1163特遣部队支援营
      (即情报/信息/网络/电子战        (即远程火力营)         (即间瞄火力防护营)
      与太空营)

HHC  营部及营部连      HHB  营部及营部连      HHB  营部及营部连      HHC  营部及营部连
MI   军事情报连        A连  "海马斯"火箭炮×6   IFPC 间瞄火力防护A连              供应A连
     太空控制连        B连  "暗鹰"远程高超声速武器×4  IFPC 间瞄火力防护B连        野战维修B连
     信号连           C连  "堤丰"陆基中程导弹×4   IFPC 间瞄火力防护C连         卫生C连
ERSE 远程探测评估连    D连  "堤丰"陆基中程导弹×4        反小型无人机连     FWD/STP 第657前方支援连
INFODEF 信息防御连    FWD/STP 第657前方支援连    FWD/STP 前方支援B连         FWD/STP 前方支援B连
                    第1163特遣部队支援营          第1163特遣部队支援营
                                                                              工兵连
                                                                              机步连
```

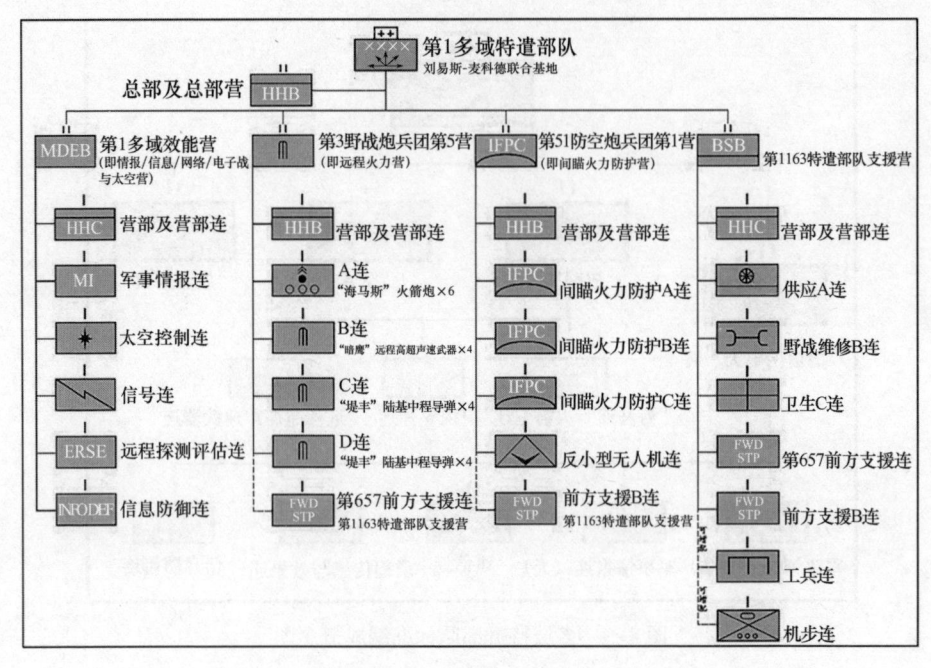

图8-4 第1多域特遣部队编制结构（2024年）

第1多域效能营营部及营部连由指挥组、营部连连部、人事组、情报组、作战组、后勤组、通信组、牧师组组成。其中，作为最为核心的作战组下设两个分队：一是技术作战分队；二是作战、计划与集成分队，该分队由信息行动组，网络、电磁活动组，心理作战组，民事组，太空控制计划组组成。营部及营部连负责指挥和管理整个营的作战行动和训练任务，确保部队的战备状态和作战效能。通信连由连部和2个通信排组成，为多域特遣部队提供卫星通信服务、GPS授时服务，并确保各单位间的通信联络畅通和安全。

军事情报连是多域效能营最大的连队，由连部，同步协调管理分队，信号情报技术分队，情报融合分队，情报与电子战集成/情报与通信分队，开源情报分队，情报生产、开发与分发分队，网络威胁模拟/技术控制与分析单元组成。该连通过常规的和基于人工智能技术的新型的军事情报体系，进行综合收集、分析、开发等的情报业务流程，且可通过新型"泰坦"战术情报目标捕获节点地面站系统及时获取多域特遣部队所需情报及目标信息，也能通过美国国家侦察办公室的"架空系统"和其他商业天基情监侦系统进行

第8章 师以上部队炮兵火力运用

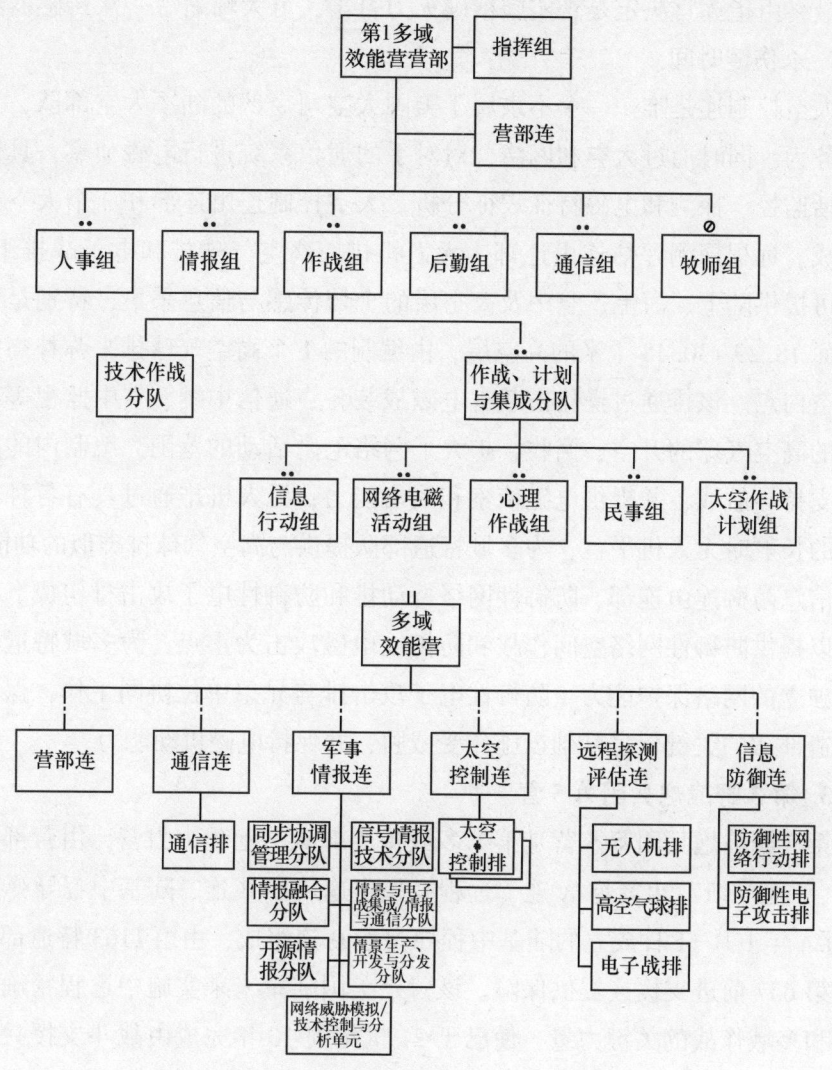

图 8-5 第 1 多域效能营编制结构（2024 年）

开源情报活动，协助目标定位。该连军事情报体系作业过程如下：接到太空传感器数据后，其内置的"普罗米修斯"人工智能算法系统对这些数据进行快速分析以识别潜在威胁，并整编为目标数据清单，传输至存储所有武器性能参数的智能软件；智能软件将目标数据与武器系统进行比对后，根据目标特征及武器系统射程、位置、性能及指挥官确定的目标优先级，将武器系统与目标进行最佳匹配；随后该软件将火力打击计划无缝传输至"阿法兹"系统，最终由指挥官决定是否实施精确火力打击，可大幅缩短"从传感器到射击器"杀伤链时间。

太空控制连是唯一一个不隶属于美国太空司令部的陆军太空部队，其主要任务为：同时通过太空和网络，对对手的通信系统进行电磁侦察，具体行动包括监控、探测和电磁特征表征分析。太空控制连由连部和3个太空控制排组成。远程探测评估连由连部、无人机排、高空气球排和电子战排组成。该连可提供陆上、海上、空中及高空层的全域传感与信息采集，特别是针对离地面18.29~30.48千米的高空层，由编制的1个高空气球排来弥补高空层情报空白点。该排通过操作搭载有电磁战装备、通信中继、空中监视等有效载荷的高空气球的升空、回收，扩大了网络电磁活动的范围。编制内的电子战排支持导航战，并提供电磁侦察和攻击能力；无人机排通过具有各种有效载荷的长航时无人机平台，为多域特遣部队提供与高空气球排类似的功能。

信息防御连由连部、防御性网络行动排和防御性电子攻击排组成。该连主要以提供防御性网络空间作战和防御性电磁攻击为重点，为多域特遣部队提供独立的网络保护能力，防御性电子攻击排与兄弟单位协同工作，保护多域特遣部队的关键信息基础设施免受威胁，并保持电磁机动能力。

3. 第3野战炮兵团第5营

第3野战炮兵团第5营是第1多域特遣部队的远程火力营，由营部及营部连、"海马斯"火箭炮A连、远程高超声速武器B连、陆基中程导弹C连和2024年1月11日成立的陆基中程导弹连D连组成，由第1163特遣部队支援营第657前进支援连提供保障。该营是美国陆军未来实施中远程精确火力打击和多域作战的关键力量，使已于21世纪前10年完成由战斗支援兵种向精确打击兵种转型的野战炮兵，再次向"首用主用"型战区级新质主战力量转型。

"海马斯"火箭炮连发射现役制导火箭弹和陆军战术导弹的最大射程分别为70千米、300千米，发射在研增程制导火箭弹、初始型精确打击导弹、增程型精确打击导弹的最大射程分别为150千米、550千米、1000千米，并分别计划于2024财年、2025财年、2027财年具备初始作战能力。

陆基中程导弹连（"堤丰"连）由4辆四联装发射车及其携带的8枚陆射型"战斧"巡航导弹、8枚陆射型"标准-6"多用途导弹和1个连级作战

第 8 章　师以上部队炮兵火力运用

中心组成，首个连于 2023 财年底具备初始作战能力；"战斧"巡航导弹的射程为 500~1800 千米，精度 10 米以内，主要用于打击地面目标，"标准-6"多用途导弹的最大射程为 370 千米，最大射高为 25 千米，主要用于防空作战，也可打击海上（地面）目标，使该连攻防兼备。远程高超声速武器连（"暗鹰"连）编配 1 辆指挥车和 4 辆发射车；每辆发射车携载 2 部发射器，每部装填 1 枚高超声速导弹，最大射程为 2775 千米。

4. 第 51 防空炮兵团第 1 营

第 51 防空炮兵团第 1 营是间瞄火力防护营，由营部及营部连、间瞄火力防护 A 连、间瞄火力防护 B 连、间瞄火力防护 C 连和反无人机连以及基于一体化防空反导作战指挥系统的营（连）级作战指挥中心组成，主要用于拦截小型无人机及火箭炮、身管火炮、迫击炮和亚声速巡航导弹。

动能间瞄火力防护系统由"持久盾牌"通用发射架和陆射型"响尾蛇"导弹组成，计划于 2026 年具备对巡航导弹和火箭炮、身管火炮与迫击炮的拦截能力；定向能间瞄火力防护系统为车载 300 千瓦级高能激光武器，计划于 2025 年 10 月交付由 4 套系统样机组成的首个排，主要用于保护固定（半固定）设施免遭无人机和其他空中威胁的袭击；反小型无人机系统为埃皮鲁斯公司研制的"列奥尼达斯"高功率微波武器系统，2024 年初交付由 4 套原型系统组成的首个排，完成与洲际弹道导弹系统的能力集成验证，具备了初始作战能力。

洲际弹道导弹系统可将陆军现役和在研的多种防空反导系统及相关预警探测传感器融合为一体化防空反导网，并计划融合美军全域"所有传感器-最佳射击器"，以期实现对所有空中威胁的全谱控制和一体化防御，将成为美军联合全域指挥与控制体系的有机组成部分。仅能融合"爱国者"PAC-2/3 防空反导系统和"哨兵"防空雷达的基本型洲际弹道导弹系统，2023 年 5 月已具备初始作战能力。

5. 第 1163 特遣部队支援营

原旅支援营正式命名为第 1163 特遣部队支援营，由营部及营部连、配送 A 连、战地维护 B 连、卫勤 C 连、第 657 前进支援连和前进支援 B 连组成。其中，第 657 前进支援连对应支援第 3 野战炮兵团第 5 营，前进支援 B 连对应支援第 51 防空炮兵团第 1 营。

多域特遣部队既具备基于太空传感器连接能力的网电攻防能力，又具备一体化中远程精确火力攻防能力，还具备强大的支援保障能力，总体上讲，具备在陆海空天网等所有作战域的软（硬）杀伤和攻防一体的多域作战能力，并具备独特的跨岛链作战能力和远程分布式作战能力，尤其其将陆军火力射程从300千米跃升到近2800千米，大幅提高了陆军野战炮兵作战能力，将成为联合部队指挥官威慑和破击对手"反介入/区域拒止"体系的战区级新质多域机动作战力量和诸多选项中的"尖刀方案"，是未来遂行高端战争的"拳头"力量。

6. 试验演习

第1多域特遣部队已进行的一系列试验演习表明，其发展已渐趋成熟，2024年前后具备初始作战能力，并可能于2027年前后具备全面作战能力。主要试验演习内容：首支多域特遣部队于2018年夏参加了美军主导的环太平洋联合军事演习，首次将"多域作战"概念付诸实践，使用精确打击火力将退役的"拉辛"号登陆舰击沉；该部队的"海马斯"火箭炮连参加了2023年4月美菲"肩并肩-23"联合军事演习，1门"海马斯"火箭炮于4月25日实弹射击了1艘菲律宾退役护卫舰；该部队陆基中程导弹连于2023年初和6月，分别成功实弹试射了1枚"标准-6"多用途导弹和1枚"战斧"巡航导弹，标志着其具备了初始作战能力；太平洋陆军司令部于2024年4月15日宣布，美空军C-17"环球霸王"战略运输机飞行15个小时、约12900千米，于4月7日将该部队陆基中程导弹连从常驻地华盛顿州刘易斯-麦科德联合基地运抵菲律宾，并于4月11日部署在菲律宾吕宋岛北部，参加美菲"盾牌-24"联合军事演习。

该部队的运用设想：在竞争阶段，该部队通过获得并保持与对手的接触以全面掌握其动向，为快速转入危机或冲突阶段做好准备，根据必要授权在所有作战域进行机动以取得拒止、迟滞、降级、干扰对手的相对优势地位；在危机阶段，该部队通过向战区联合部队指挥官提供各种灵活的反应方案，以达到威慑作战对手、构建战场环境之目的，利用优势地位综合实施动能（非动能）机动，通过调整部署、实弹演习等方式展示决心，降解危机，重回于己有利的竞争状态；在冲突阶段，该部队综合利用动能（非动能）杀伤性手段，干扰、击败、摧毁对手"反介入/区域拒止"体系，确保美军的联合行动自由。

8.2　军炮兵火力运用

美国陆军的理论基石——野战手册《FM3-0 作战》指出："相比冷战结束时期，目前均势敌人在战术、战役和战略层面给美军带来军事上更大的挑战。"在大规模作战行动中击败大国竞争对手对于美国陆军而言无疑存在诸多挑战。在伊拉克和阿富汗数十年的有限应急行动中，美军虽给旅战斗队重新分配了人力，但忽视了对军层面人力的分配。

8.2.1　战役火力司令部

无论是现行的陆军作战理论还是联合作战理论，都没有为战役火力进行量化定义。研究战役层面最权威的专家米兰·维戈认为："战役火力可描述为运用己方的杀伤性或非杀伤性火力，对战役或重大行动的进程和结果产生决定性影响。"为了应对当前和未来的均势敌人，《陆军愿景》指出，陆军必须在 2028 年前做好准备，在所有作战领域（陆、空、海、天、网络）取得胜利。由此可见，各领域与陆军任务密不可分。美国陆军提倡的"多域作战"概念一方面取代了当前的理论，另一方面可促进技术采购和部队现代化变革。该概念关于均势对手的关键假设是，对手有能力剥夺美军部队的空中优势或机动自由，从而再次产生了对陆军地面作战火力的需求。战役火力司令部（OFC）概念由陆军发布，旨在实现军在多域作战时同步火力，整合联合情报、网络空间、电子战、太空、远程精确火力和防空等职能。

美国陆军最后一次在大规模作战行动中动用军炮兵是在海湾战争期间，当时结合了空地一体化作战理论。"沙漠风暴"时期，军炮兵为下级各师提供炮兵支援，对军纵深地域目标集中使用了身管火炮和火箭炮，并在海陆空领域整合联合资产。军炮兵由司令部及其直属炮兵连、野战炮兵群或野战炮兵旅（包含非师属炮兵营，即火箭炮和身管火炮的混编营）、前进观察系统组成，由一名准将指挥。

陆军领导层下令在模块化建设期间撤销军炮兵团部队编制，为更多旅战斗队部署到伊拉克和阿富汗提供人力。该决定导致陆军失去统筹使用作战火力的能力。此外，陆军解散剩余的5个现役野战炮兵旅，来支援下级师炮兵行动；旅下级的非师属野战炮兵营通常根据任务编组为师炮兵的直接隶属单位。根据当前的理论，师炮兵的任务是达成战术效果。这种资源配置决定来源于师炮兵的《编制与装备表》（不包括单一的投送资产，身管火炮或火箭炮），这与参加之前大规模作战行动的师炮兵不同。野战炮兵旅下级炮兵营缩编，在应对敌方军级部队综合火力指挥部时，军指挥官形成作战效果的能力减弱。

除了解散野战炮兵旅下级的非师属野战炮兵营之外，其指挥部的作用在理论上也存在模糊之处。根据野战手册FM3-09《野战炮兵作战与火力支援》可知，野战炮兵旅（指挥官由上校担任）通常编配给师。然而，第17、第18、第75野战炮兵旅目前分别隶属（而非配属）于第一集团军、第十八空降军和第三集团军。野战炮兵旅承担军部队野战炮兵指挥部（设置情况下）任务，指导解散之前的小规模军火力中心（由中校军官担任指挥官）如何实现对野战炮兵旅资产的最优统筹，从而支援军火力概念。其他两个现役野战炮兵旅并不隶属于军，而国民警卫队（并非都配备火箭炮）中其他的野战炮兵旅分散给不同师控制。

与野战炮兵旅相比，战役火力司令部被视为军火力指挥部，具有永久性的特点，旨在利用野战炮兵旅和防空炮兵旅的综合能力以及传感器、情报、非杀伤性专业技术和联合资产作战。战役火力司令部具备了配属指挥部优化多域作战效果的综合职能，弥补了野战炮兵旅缺乏的能力；此外，该司令部还具备打击500千米或火力支援协调线以外目标的能力。根据"多域作战"概念，远程精确火力打击是一项至关重要的任务，可通过在纵深地域打击敌方防空系统为空中力量提供机会窗口。该司令部指挥官（准将）在发挥司令部的作用方面至关重要，除了野战炮兵旅所赋予的权限，他还需要更多权限，实现多域作战火力的同步使用。

战役火力司令部过去要么不设下级职能和权限，要么将各职能和权限赋予军参谋部和野战炮兵旅。但是，根据"多域作战"概念，整合作战火力需要有配属部队的专门指挥部。因此，该司令部最新设计的部队结构远不止以前的军炮兵结构，还包含有联合指挥部，通信连，侦察连（反火力雷达和遥控飞机），情报、网络、电子战、空间连（ICEWS），一个或多个整编野战炮兵旅和防空炮兵旅。该司令部各下辖部队具备下列能力：摧毁敌方综合火力司令部，为空中力量机动自由赋能，实施纵深联合火力打击，提供纵深联合火力；为下辖各师提供大规模加强火力，这方面与军炮兵在以前的大规模作战行动中的作用相同。

战役火力是指对战役或重大行动产生决定性作战效果的火力，典型的打击目标为指挥与控制基础设施、战区后勤资产、反介入/区域拒止能力、作战预备队、改变对手作战机动或作战计划的关键节点。当前，战役火力本质上是联合作战火力，可在5个作战领域产生火力效果。由于本书重点研究陆、海、空领域的作战效果，因此，所述战役火力定义和通用标准均为衡量军炮兵作战效果的机制。海湾战争中对军炮兵的运用是典型战例，能够证明军指挥的跨域（多域）战役火力可在大规模作战行动中发挥其效力。

8.2.2 海湾战争中的第七军炮兵

"沙漠风暴"行动发生在1991年1—2月，这场历时一个多月的战役验证了空地一体化作战理论和美国陆军新技术。期间，第七军炮兵动用了新采购的多管火箭炮系统，产生了巨大的破坏力。十年之后的"海湾战争"是军炮兵证明了自己并取得的一次胜利。

1990年8月2日，伊拉克军队110万人入侵科威特，迅速压制了规模小、装备差的科威特军队，萨达姆·侯赛因借此控制了科威特的石油资源。8月7日，美国总统乔治·H.W.布什向沙特阿拉伯部署了第82空降师，以抵御伊拉克进一步的侵略。1991年1月17日，在联合国安理会给出的，要求萨达姆·侯赛因的军队撤出科威特的最后期限后的第二天，美国向伊拉克和科威特发射了100枚"战斧"巡航导弹，开始了"沙漠风暴"行动。

美军两个军参与此次行动，第七军是其中之一，隶属于美国第三陆军（中央陆军），共有士兵33.3万人。1990年11月8日，弗雷德·弗兰克斯中将指挥的14.6万名"杰鹰"（Jayhawks）士兵接到了前沿部署的命令。11月13日的后续命令责成第七军搜索并摧毁科威特境内的共和国卫队司令部（RGFC），起点位于沙特阿拉伯境内第十八空降军以东。

1991年1月13日，第七军向下级各师发布了名为"暗剑行动"的1900-2号作战计划。该行动包括五个阶段：向战区部署部队、准备战场、突破渗透伊拉克第七军、击败伊拉克第七军预备队、摧毁共和国卫队司令部。第七军编组为五个装甲师、一个装甲骑兵团、一个航空兵旅和第七军炮兵。虽然起初编组稍显混乱，但该军如期抵达沙特阿拉伯，并于1月中旬就位。这次成功部署的一个重要因素是1月中旬实施的空袭行动，其战略目标是阻止萨达姆·侯赛因进攻沙特阿拉伯，从而为建立联盟和集中必要的战斗力赢得了时间。

美军于1986年在东欧应对苏联的纵深作战中重新启用了第七军炮兵。艾布拉姆斯准将担任军炮兵指挥官，同时是此次战争的火力联络协调员，其麾下部队编有第42、第75、第142、第210野战炮兵旅。第210野战炮兵旅隶属于驻扎在德国的第七军炮兵，而其余3个驻扎在美国的炮兵旅则在抵达沙特阿拉伯后编配给该军。这4个旅由12个营编成，包括新型多管火箭炮和升级版身管火炮（155毫米口径）混编营。行动开始前几天，艾布拉姆斯准将要求各师炮兵指挥官和军炮兵参谋正视他们与伊拉克炮兵1∶1的兵力比例，并制订方案解决此问题。广义来讲，艾布拉姆斯准将的做法加强了军炮兵各级领导对问题的共同理解，培养了新组成力量之间的信任，并迅速制定了标准作业程序，这些都是此次成功的关键。

根据当代空地一体化作战理论，明确分配给战役火力的任务或使命包括战役级联合对敌防空压制、第二梯队的联合攻击（打击敌纵深地域机动的联合火力）、对纵深作战的火力支援。第七军炮兵部署动用了精确多管火箭炮和陆军战术导弹系统，使之与空战同步，不仅完成了上述任务，还扩大了其作战纵深。此外，该军炮兵还投入了更为传统的重型身管火炮系统，为下级各师提供加强火力和反击火力。基于与信息系统相配套的空中联络系统，艾布拉姆斯准将的指挥部实现了炮兵与空军的同步行动，在整个战争期间，第七军炮兵计划动用空军摧毁了245个纵深目标（总数不包括空军为近距离作战提供的待命战术支援）。总之，对这些资产的控制使第七军炮兵能够协调指挥联合火力，特别是陆上和空中火力，支援"沙漠风暴"行动，产生至关重要的作战效果。

联合火力附件中第七军炮兵的任务是"同步使用杀伤性和非杀伤性火力支援体系，支援第七军摧毁共和国卫队"。鉴于共和国卫队司令部作战能力和对政权的极端忠诚，陆军高层领导将其视为对敌作战重心。但第七军炮兵

第8章 师以上部队炮兵火力运用

在行动开始之后一直处于作战距离之外，直到战役的最后几天（2月26—27日）才与共和国卫队司令部交战。第七军炮兵因此将军战役顺序分为"战场准备"行动（包括陆军战术导弹系统的纵深部署和炮袭）和随后的地面战役。100小时的地面战役主要包括第七军炮兵支援第一步兵师对共和国卫队司令部的突破和反击行动。为了在这两个阶段对伊拉克军队产生作战效果，第七军炮兵共使用了55214枚炮弹、10456枚火箭弹、25枚反坦克导弹和数千枚炸弹。

在"战场准备"阶段，第七军在科威特边境以南的朱诺集结。由于靠近伊拉克，因此，敌人可能发动破坏性攻击，使用飞毛腿导弹和远程火炮攻击，军作战风险增大。这些威胁要求第七军炮兵指挥部立即为首次使用陆军战术导弹系统制订计划、确定实施、开展评估。1991年1月18日，第27野战炮兵6营某连使用陆军战术导弹系统发射了对敌防空压制炮弹，来支援B-52轰炸机——这是第二次世界大战后第七军炮兵首次执行作战任务。随后一个月内，军炮兵的多管火箭炮营执行了类似任务，打击伊拉克防空系统、火箭炮以及指挥控制节点，该营共执行了21次任务。由于战区内新型导弹数量有限，因此所有提名目标均需军长批准，战损评估则得益于与空军的互操作性——特别是向联合监视目标侦察雷达（JSTARS）飞机派遣陆军人员。

伊拉克第七军是"杰鹰"士兵们要打击的第一支部队，由7个师和1个拥有588门火炮的炮兵旅组成。虽然其火炮主要由牵引式榴弹炮组成，射程上限为27000千米，但仍对美军装甲部队和步兵的后续推进构成严重威胁。这些伊拉克炮兵团是萨达姆军队中最专业的炮兵团，预计将与美军进行殊死搏斗。艾布拉姆斯准将要求他的4个野战炮兵旅与空中力量密切合作，从1991年2月17日开始摧毁沙特阿拉伯境内阵地上90%的火炮。

陆军战术导弹系统数量有限，这就要求艾布拉姆斯准将和军炮兵同步使用其他手段来提供作战火力，包括空中力量和多管火箭炮突袭。这些突袭类似于美军在越南战场上的做法，即炮兵向前渗透以扩大射程。但多管火箭炮太重，不适合用直升机运输，只能依靠自身动力机动。然而，这些部队得益于Q-36和Q-37雷达以及全球定位系统（GPS）。前两者带来了毁灭性的威胁，战争到这一阶段，大多数伊拉克部队都不希望承受这种威胁。至于全球定位系统，它使多管火箭炮营能够隐蔽地潜入敌方领土，进行射击，并在完成每次任务后迅速撤离。艾布拉姆斯准将在谈到GPS时说:"它不仅告诉我们自己的位置,而且还能在对手不知情的情况下告知我们其所在的位置"。1月17日~2月23日期间,第七军炮兵和下级师炮兵发射了超过1.4万枚炮弹和4900枚多管火箭炮火箭弹。

在"战场准备"期间,陆军战术导弹系统的纵深打击和炮火袭击与空中力量结合,对伊拉克军队产生了毁灭性的打击。空军固定翼飞机、"阿帕奇"飞机、Q-37雷达、陆军战术导弹系统和多管火箭炮的组合,在地面战"开始日"(G-Day)之前就迅速验证了纵深作战理论。军炮兵同步行动摧毁了伊拉克第七军50%的预备队、73%的炮兵,并破坏了前线部队的指挥控制系统。许多伊拉克坦克和炮兵因害怕美军毁灭性的火力而集体"开小差"。第七军炮兵转入进攻作战的时机已到,1991年2月24日4时,第一步兵师破障力量开始进攻。

弗兰克斯中将在1990年末首次访问沙特阿拉伯期间,第三军和第七军参谋部向他报告了伊拉克计划,即将障碍和防御网延伸至第七军的前进轴线。实施该计划需要用到由师实施、军加强的合成兵种破障力量,从而在伊拉克防御前沿形成突破口。为了在公认的作战决定点完成这个高风险行动,弗兰克斯中将决定由"大红一师"第一步兵师担任主力,该师最近刚在国家训练中心成功执行了此类行动。

虽然美军早些时候已经摧毁了大量伊拉克火炮,但这次任务还需要进一步部署作战火力,打击突破口附近剩余的约100门火炮。为了加强主力,第七军炮兵指挥将3个野战炮兵旅、2个师炮兵和50%的战区空中力量集中在某个区域(纵深为40千米、正面为20千米),类似于苏联理论中的"打击区"。第七军炮兵在30分钟内发射了6136枚炮弹、414枚火箭弹,在近距离作战中协同投射了565500磅(1磅≈0.45千克)的炮弹。这些炮兵资产共摧毁了50辆坦克、139辆装甲运兵车和152门火炮。其中,最具破坏力的是多管火箭炮系统发射的新型M26式双用途改进型常规弹药或双用途改进型常规火箭弹。双用途改进型常规弹药使用不同类型的小炸弹在大片区域遂行饱和作战,摧毁伊拉克火炮和装甲武器,又称"坐标清除系统"。

第一步兵师炮兵缺乏第七军炮兵装配的大规模重型火力,无法为深入扩张地面机动创造机会窗口。由于后者无情的炮击和空袭,突破只用了2个小

第8章 师以上部队炮兵火力运用

时,远低于预期的14个小时。同样,伊拉克炮兵也没有向第一步兵师官兵开火。艾布拉姆斯准将称:"这可能是军事史上第一次为预有准备的突破行动进行如此全面的炮火准备,没有一名士兵在行动中丧生。""沙漠风暴"行动研究项目主任罗伯特·H. 斯卡斯上将称赞艾布拉姆斯准将和第七军炮兵参谋部利用导弹、战斗轰炸机和攻击直升机摧毁了伊拉克第七军。

在歼灭了伊拉克第七军之后,"杰鹰"突击队集中力量歼灭了共和国卫队司令部。第七军炮兵开始向北机动进入科威特南部,最终于2月26日与共和国卫队司令部交战。弗兰克斯中将上报军:"在随后的24~36个小时内,我们将不分昼夜地猛烈攻击,压制抵抗,阻止敌人撤退。"直至此时此刻,第七军炮兵在伊拉克反火力行动中未有任何减员。由于伊拉克炮兵先前未向突破口开火,因此2月27—28日他们的战局变化了。在针对共和国卫队司令部的48小时内,第七军炮兵利用军目标侦察分队雷达获取的信息连续执行反击任务,迫使共和国卫队司令部66%的兵力后撤。在雷达的作用下,第七军炮兵"能够捕捉来袭弹道,计算初始点,并将目标坐标位置传输给射击指挥中心。多管火箭炮发射的精确、毁灭性炮火能在短短几分钟内打击伊拉克阵地"。面对多管火箭炮的"外科手术式"应用和不间断的联合火力打击,共和国卫队司令部在撤回伊拉克时付出了惨痛代价。

第七军炮兵于1991年2月28日完成了其在海湾战争中的任务。根据评估报告,这次行动虽然没有完全按计划执行,但在军炮兵运用方面积累了有益经验。基于新技术的集中使用以及与空军的一体化程序,第七军炮兵能够"准备战场",随后按照空地一体化作战理论的设想,以联合火力向突破口集结。关于多域作战火力,艾布拉姆斯准将说:"他们(第七军炮兵)得到了空军的支援,帮助他们掌控了战场,然后利用空袭和无人机完成了最初的工作。当伊拉克炮兵终于开火时,他们很快就被雷达和多管火箭炮压制住了。"

第七军炮兵于1992年3月15日在德国解散,战争伤亡为零。该军炮兵转隶为第五军炮兵,少数非师属炮兵营仍驻扎在德国。任务编组的调整和部队的重新部署,使世界上最大的军炮兵解体(美国陆军最终编有4个军炮兵),剩下的军炮兵在伊拉克战争和阿富汗战争初期解散。虽然第七军炮兵褪去了色彩,但其在海湾战争中的行动却永远载入了史册。

第七军炮兵在海湾战争中的影响是毋庸置疑的。在"沙漠风暴"中与空军协同作战，使第七军指挥官有能力在多域作战中同步运用多种火力。伊拉克战争和阿富汗战争导致军野战炮兵部队结构缩减，使该兵种及其长期以来的"战神"声誉大打折扣。海湾战争中第七军炮兵的行动证明有必要组建常备军炮兵司令部，以在作战层面实现各领域之间的协同增效。对第七军炮兵最有效的使用方式是集中使用，在决定性地点集结或支援主力，协同联合资产赋能军指挥官实现其战役目标。无论过去还是现在，这些职能都不在一个师或一个军的控制范围之内。对军炮兵使用情况的历史分析和对未来对手能力的了解证明，陆军和联合部队不能继续过度依赖空中力量来实现作战效果。

在联合和军种条令中界定战役火力是重振军炮兵的第一步，尤其需要明确能够衡量战场上战役火力的相关指标，而不是战略或战术火力。与此相反，目前条令上的模糊性降低了陆军和联合部队使用共同术语进行作战的能力，从而产生了重复。此外，军同步运用战役火力需要建立3个常设作战指挥中心（每个军一个）。战役火力司令部至少应包括指挥部及其直属连和野战炮兵旅（现有部队编制已到位）、防空炮兵旅和专门的后勤保障。潜在的近距离威胁同样要求指挥部整合军的联合情报、网络空间、电子战、空间、远程精确射击和防空等职能。此外，指挥官（准将）需要获得必要的授权和联合联络权，以便在所有领域内同步开展火力行动，从而与联合部队"并驾齐驱"。此外，还须在分遣队中重新建立火力系统，需要增程火力资产（火箭炮或身管火炮）来防护3个军麾下的野战炮兵旅，避免其遭受敌火力覆灭的命运，从而支援师的行动。

陆军未来司令部的启动具有积极意义。2028年以后的未来战场要求火炮射程超过500千米，这与"海湾战争"对纵深火力的需求相同。随着射程的增加，均势对手的反介入/区域拒止能力能够在力量上与美军进行抗衡，甚至在行动中突破防线，从而实现空中和地面自由机动。同时，战役火力司令部同步更新火箭弹和导弹技术能力，这将提高联合和陆军多领域战役火力的杀伤力。

战役火力司令部并不是模仿陆军或联合部队其他部门的现有能力，而是在作战环境和均势对手变得更加强大和复杂的情况下，以新的部队结构来解决已方确定的需求。美国陆军从第七军炮兵在海湾战争中的行动中汲取"营养",在大规模作战行动中充分发挥军炮兵火力效能。

8.3 师炮兵火力支援

火力支援是在行动中执行的任务指挥活动,包括行动计划、行动准备、行动执行和持续的行动评估。这4个过程可作为模型,用来协调与包含整合过程和持续活动的行动有关的其他行动,以及各行动过程活动中的特定行动。整合过程和持续活动贯穿整个行动当中。指挥官将他们彼此同步,并将他们统一到所有行动的过程活动中。

8.3.1 野战炮兵火力支援的原则

指挥官和参谋人员必须将火力支援的实施原则纳入考量。实施原则包括:为参战的单位提供充足的火力支援,加强主力部队或决战行动,为指挥官配备随时可用的火力支援以便其影响作战行动,推动后续行动,视情况最大限度地实施集中控制,永远不将炮兵配置在预备队中。为便于记忆,可以将上述原则记为"AWIFM-N"六原则,其详细内容如下:

(1) A(adequate,充足):为参战部队提供充足的火力支援。在大规模作战行动中,投入野战炮兵旅的最低建议标准为每个高等级战术兵团分配一个野战炮兵旅。指挥官从不应把炮兵配置在预备队中;可以利用指挥和支援关系加强主攻部队。

(2) W(weight,加强):加强主力部队或决战行动。可以通过指定支援关系(加强关系或全般支援-加强关系),为与敌方接触的机动部队提供额外的响应火力。可以精心配置野战炮兵部队各单位位置并指定火力打击方向,以将其火力集中在合适的作战地域内。通过这种方式,处于全般支援关系的部队可以加强主力部队,或补强最脆弱区域。也可通过分配野战炮兵弹药,给特定区域提供更多支援。应将野战炮兵火力优先向主力部队或决战行动倾斜。可将支援关系从直接支援改为全般支援,这样可以提高对主力部队指挥官的响应能力。对于造势行动则应仅分配最少量的必需火力支援。

(3) I(immediately,随时):为指挥官配备随时可用的火力支援,以便其影响作战行动。一是部队指挥官应与可用的野战炮兵旅或旅属营建立指挥或支援关系，即时影响作战行动。建立野战炮兵支援关系（加强关系或全般支援-加强关系）的做法能够提高其灵活性，并增强为整个部队提供随时响应火力的能力。二是发现敌人的弱点或己方部队受到威胁时，炮兵指挥官要保持快速转移火力和调整火力权重的能力。随着交战过程的开展、推进，机动部队指挥官可能会改变火力打击的优先次序，以抓住战机。

（4）F（facilitate，推动）：推动后续行动。推动后续行动的措施包括：指定指挥或支援关系、选调野战炮兵旅所属单位位置以及分配与配置弹药，包含战斗配置载荷量和为立即消耗而发放的弹药量。应通过指定支援关系（加强或全般支援-加强），以及待命指挥或支援关系，实现向后续任务的过渡。另一种推动后续行动的方法是，根据预期需求修改当前指挥或支援关系。各指挥官可以下达受控补给率①，来控制野战炮兵所属各单位的弹药消耗量，以确保按计划实施的后续行动能得到充分支援。

M（maximum，最大）：视情况最大限度地实施集中控制。首先，集中控制的最佳程度因战役和战术态势而异。在防御态势下，最好采用高度集中控制。由于敌人拥有主动权，因此很难准确预测敌人将在何时何地发动攻击。其次，在确定敌人的主攻部队之前，如指挥官将火力分散在次要的优先事项上，就会浪费宝贵的火力资源。在进攻态势下，较低程度的集中控制至关重要。因为被支援部队拥有主动权，而战机的出现不可预见，所以要求火力快速响应。

N（never，永不）：永远不将炮兵配置在预备队中。指挥官不应将炮兵配置在预备队，但可以下令改变炮兵部队的支援关系，确保向主攻部队提供炮兵支援。这些支援关系的变化可以通过某项待命任务予以确定。

除了遵循 AWIFM-N 火力支援实施原则外，在制订野战炮兵系统运用计划时，野战炮兵指挥官和火力支援人员还要考虑到任务、弹药和位置配置。考虑的问题包括：第一，任务，根据指挥官的意图和总体情况为野战炮兵单位指定适当的指挥支援关系；第二，弹药，弹药分配上应为主攻部队提供更

---

① 受控补给率（controlled supply rate）：由特定时间段内可用弹药数量、运输能力和设施决定的，在后勤补给能力范围内的弹药消耗率。通常用每门炮每天发射的弹药数量表示。

多支援，在计划和实施期间，通过位置配置、弹药限制或受控补给率等参数，确保后续作战留有足够的弹药；第三，位置配置，不断地重新配置野战炮兵单位、弹药、目标捕获资源、指挥所和资产的位置，以便在执行计划时提供最佳支援，在适当的作战地域内为集中火力指定火力打击方向。

8.3.2 军事决策过程中的火力支援筹划工作

军事决策过程是用于了解形势和任务、制订行动计划、发布作战计划或作战命令的交互式计划方法。军事决策过程有助于领导者运用彻底的理解、清晰的思路、合理的判断、逻辑和专业知识来建立共识，提出方案解决问题，并作出决策。军事决策过程有助于指挥官、参谋和其他人员在制订计划时进行批判性和创造性的思考。

1. 军事决策过程

火力支援协调员和火力组计划员通过军事决策过程与师指挥官及参谋合作，制订有效、综合和可行的火力支援计划来支援师级行动。他们以火力支援计划、协调和执行的原则为指导。

火力支援计划是针对每一种可用火力支援手段的计划，描述了如何将陆军间瞄火力、联合火力、目标捕获与部队的机动进行整合，促进作战成功。整合火力支援计划为获取必要的目标工作信息以及为高回报目标攻击系统的应用提供关键节点和时机。计划的执行会对何时何地支援师级行动产生影响。整合火力支援计划，使之与其他作战功能相协调、相结合，可最大限度地提高每次作战的效果。可执行的火力支援计划将侦察和火力投送资产链接到高回报目标，包括后续评估。

有效的火力支援计划能够清晰地界定火力支援需求，并着重完成师指挥官制订的火力支援任务，是作战计划或作战命令的关键子集。有效的火力支援计划能够反映出对师指挥官意图的详细理解。火力支援计划还需要有专业知识，以汇总、协调并对信息采集、目标捕获和交战资产进行恰当的指导，以实现共同目的。火力支援协调措施和空域协调措施的运用可使复杂的战场清晰化，并可通过迅速清除地面和空域，来促进许可性和反应性火力实施。火力支援协调措施可规定火力同步、机动火力支援以及其他作战职能。指挥官根据许可性和限制性火力支援协调措施，加快目标攻击，保护部队、人员聚集区、重要基础设施和宗教文化场所；解除火力支援任务，为今后的行动打下基础。许可性措施应尽可能靠近己方部队阵地，以便优化所有火力支援手段的使用和效能。例如，指挥官应将协调射击线尽可能地靠近己方部队的前线或进攻中先锋部队的前线。协调射击线应与近距离和纵深行动保持一致，以便己方迅速、有效地使用火力，并保护部队。通过设置近距离火力支援协调线，若纵深幅员足够大那么高机动部队指挥官降低对在行动区域内不受其直接控制并执行目标攻击行动的部队的协调要求，例如旋转翼飞机进行攻击飞行时，或固定翼飞机进行空中遮断时。指挥官根据协调要求调整火力支援协调线的位置，以配合行动。

在协调所有接受支援和提供支援以及其他相关部队时，指挥官设置并调整控制措施，包括己方部队的位置、机动和火力计划，同时预计敌军位置。火力支援协调措施是在军事决策过程中制订的，应考虑每个武器系统的最小安全距离。制订协调措施应允许进行迅速而有序的更改从而保证措施的延续性，防止在关键时刻出现延误。许可性措施通常不需要在发起目标攻击时采取进一步的详细协调。限制性措施要求在目标攻击之前进行具体协调。此外，可能存在战区特有的协调措施，以提高在选定环境下的响应能力。

2. 受领任务

接到任务后，师指挥官和参谋，包括火力支援协调员和火力组，会进行初步评估。火力组行动包括不间断判断、初始战场情报准备、信息收集、接收预先号令。火力组通过不间断判断来记录、评估其他信息。不间断判断是为确定是否按照指挥官意图继续进行当前行动以及后续作战能否获得支援，对当前形势进行的持续评估。

3. 任务分析

透彻的任务分析对计划工作至关重要。火力支援人员参与战场情报准备对后期军事决策过程中制订火力支援计划和目标工作决策至关重要。火力支援任务的目的是确保落实机动部队指挥官对火力的指导；火力支援任务的受众是机动部队指挥官和参谋。火力支援任务使指挥官知晓火力执行人员了解并执行具体任务来完成火力意图。任务描述了火力必须对目标造成的效果（例如，迟滞、扰乱、牵制或摧毁）；目的描述了为何火力支援任务有助于指挥官目标的实现。效果量化了任务的成功完成。

例如，在执行进攻任务时，入侵行为是一个关键事件，需要火力支援来完成任务。在这个过程中，火力支援协调员根据最初指挥官对火力的指导，确定需要遮蔽烟雾来干扰敌军对障碍排除队的观察。投放烟雾来掩护入侵部队最有效的方法是使用间瞄火力。火力支援协调员确定，当需要烟雾时，有配备 155 毫米口径火炮的一个营可用。根据火力支援协调员的分析，火力支援任务如下：任务是扰乱敌军对入侵部队的观察；目的是容许入侵部队在没有介入有效直瞄火力和间瞄火力的情况下进行入侵行动；效果是直至入侵完成敌军都无法观察入侵部队。

4. 指挥官意图

指挥官意图是对作战目的和期望的军事作战结局的简明表达，用以支持任务式指挥，为参谋机构提供工作重点，甚至在作战行动并没有按照计划开展时，帮助下级和提供支援的指挥官采取行动以达成指挥官的预期结果而无须进一步的命令。指挥官意图通常由指挥官用一段简短的文字表达，其中包括：行动目的、关键任务、预期结局。

各级火力执行人员必须透彻了解指挥官意图和预期作战结果，以制订最能体现行动理念的计划，并能够迅速有效地做出调整，以充分利用产生的有利条件。在计划制订和执行的整个过程中，火力执行人员须不断向指挥官和参谋提出建议，告诉他们如何有效地使用火力来支援行动，以达到预期作战结果。

5. 指挥官的火力支援指导

指挥官的指导下，参谋的活动重点是计划和协调行动。指挥官的火力指导为参谋、火力执行人员和下级部队就如何使用火力、达到预期效果、规划和执行目标工作提供一般准则和限制条件。指导在广义上强调了指挥官打算在何时、何地以及如何将火力效果与部队其他可用作战能力结合起来，完成作战任务。指挥官的指导能够确认所有可用火力资源的内在作战能力，旨在利用他们迅速获得战术优势，有效地击败敌军。指挥官的指导包括确定支援的优先次序，以及如何将火力完全纳入机动计划。

火力的优先次序是指挥官根据分队任务的相对重要性，指导参谋、下级指挥官、火力支援计划组和支援机构如何使用火力。火力自动化系统处理中的优先目标指优先于所有指定火力中心或分队的实施火力打击的目标。火力中心或分队在可能的范围内为攻击这些目标作好准备。一个火力中心或分队只能分配一个优先目标。优先目标的指定可以基于时间或重要性。指挥官还就目标何时成为优先目标、弹药的使用、所需的精确度和预期效果给出具体指导。在不执行射击任务时，火力分队瞄准既定的优先目标。火力支援人员应注意，虽然密集火力可能杀伤性最强，但精确弹药射击却是打击目标的最有效手段，既能降低附带损伤的风险，又能达到指挥官预期的效果。

指挥官下达指令后，目标工作组确定高回报目标，并拟定高回报目标清单草案交由作战助理参谋长（G-3）、情报助理参谋长（G-2）和火力支援协调员审查。高回报目标清单为参与目标工作的分队提供进一步的指导，使得他们能够对目标捕获和进攻兵力进行优先级排序。火力支援协调员还负责对火力资产进行分配和定位；为所属部队提供目标捕获资产、测地、气象支持的计划；为下级部队提供后勤保障。

6. 确定评估标准

在战争模拟开始之前，师属参谋计划人员制订评估标准来衡量每项行动计划中火力的效能和效率，并对各行动计划进行比较。这些标准被列在火力不间断判断中，并成为行动计划分析子段落的梗概。火力支援协调员、火力组计划人员和目标工作军官（以下简称火力支援计划组）运用火力特定标准（能够解释火力支援优劣势的标准），来制订对火力效果的评估标准。

能够区分不同行动计划的火力评估标准包括：执行火力支援任务所需的提前时间；行动计划要想成功，信息优势的实现频率；需要火力支撑的决策点数量；火力成本与预期收获之比；敌军火力对己方部队资产带来的风险。对于近距离空中支援计划员来说，标准如下：及时性、准确性、灵活性、集中性、预期效果。

7. 行动计划制订

当参谋开始制订行动计划时，师属参谋、火力支援协调员和火力组计划员必须制订最优方案，将火力与不断发展的行动计划结合。当参谋分析战斗力量，制订备选方案，部署初始兵力，随后开始制订机动方案时，火力支援协调员和火力组计划员继续致力于此综合计划过程。

师指挥官的火力计划和支撑性使用指导对制订火力支援计划至关重要，不仅涉及对所有可用火力的使用，而且将其与机动计划一体化，有助于有效地检测高回报目标。至少，火力计划应为使用火力和支援资产奠定基础。

8. 制订备选计划

确定可采取的火力行动计划和行动形式后，师参谋会制订备选方案以实现任务目标。在时间允许的情况下，制订尽可能多的可行方案能进一步完善行动计划。火力支援计划组协助参谋确定决定点和支援工作，决定取消或修改行动计划，以及考虑为各行动计划提供的火力支援的优劣势。

火力支援计划组就统筹与同步火力支援与所有其他作战功能提供意见。计划人员帮助确定由火力协同其他作战功能能够更好达到哪些预期效果。例如，是否使用野战炮兵资产进行军事欺骗行动。师参谋在制订备选方案时会进行权衡，并在行动计划分析期间再次进行考量。

9. 部署初始兵力

火力支援计划员部署火力支援必要资产，以支援各己方部队行动计划，并为各行动计划提出作战火力组织建议。火力支援计划组确保师参谋考虑到了现有火力支援资产和资源对兵力的影响，并帮助确定初始部署。

在这个步骤中，师计划员也要考虑欺骗计划。由于欺骗计划可能会影响目标选择和部队定位，因此参谋在制订行动计划前需加以考虑。

此外，师计划员还将火力空域的使用与有人驾驶和无人驾驶飞机相整合。火力支援计划组与空域、航空和空军计划人员合作，消除空域冲突，并将空域风险降低到可接受的水平。

10. 制订作战方案

师指挥官意图、可视化、作战方案和火力指导对火力支援计划的制订至关重要。支援作战方案的火力计划至少应该为火力运用奠定基础。

根据任务分析结果，师作战助理参谋长、火力支援协调员和火力组计划员将考虑使用哪些火力资产和资源，并为各行动计划制订火力支援方案。一项行动计划可以包含一种或多种方案来达到师指挥官的预期效果。

火力计划阐述了师指挥官如何将火力加以整合以完成任务。火力计划与行动计划紧密联系，并与其同时制订，以配合整体行动。火力计划根据关键事件、阶段或分队和区域识别火力优先级。火力计划将火力集中在行动计划的决定点或火力支援上以形成行动，使师指挥官能够在决定点自主并有效地运用战斗力。

随着火力计划的制订，师火力支援参谋将确定如何在整个行动中合理定位和使用火力资产。其目标是确保火力的优先级与指挥官意图一致，并且在需要的时间和地点有可用的资源。

11. 明确接敌区域

明确接敌区域发生在军事决策过程中。火力支援筹划是分析、分配和调度火力的持续性过程，以描述如何使用火力促进机动部队的行动。接敌区域内的火力支援筹划是师作战计划中的一项重要支援工作。接敌区域是指挥官打算运用所有可用武器的大规模火力诱捕和歼灭敌军的区域。在接敌区域发展过程中，火力计划过程对实现指挥官意图至关重要。这个过程迫使火力支援协调员和火力组计划员考虑以下因素：可用间瞄火力资产数量，观察员的训练水平和火力中心，敌军方向和行军速度，触发点和拦截点，地形分析、预期的敌军行动，以及敌军按兵于接敌区域内的预计时间。

12. 查明触发点

触发点可以是地面上的一个物理点，也可以是一个动作或事件。在进攻行动中，触发点通常是一个机动行动或事件。在防御任务中，触发点通常是地面上的一个物理点。师参谋推荐部队和指挥机构来执行各行动计划。一经批准，就会组建任务编组。火力支援协调人员和火力组计划人员确定执行火力支援任务的部队，根据火力需求提出任务编组建立。他们根据任务需求和行动类型调整对火力支援资产的使用，并考虑如何处理任务编组和职责关系、指挥和支援关系，最小化误伤风险，在决定点同步战斗力。

13. 委派指挥机构

师火力支援协调员和火力组计划员基于各指挥机构的火力作战能力和火力支援资源规划任务编组。不间断的火力判断，包括弱点评估，为针对火力的建议提供支撑信息。另外的支撑是指挥机构领导运用火力方面的经验。

14. 初始火力支援计划

初始火力支援计划涉及任务（与相关的性能测量和效能测量）、目标清单工作表草案、目标协同表格（修改后的目标协同表格）、火力支援执行表格、初始火力支援协调措施以及风险管理计划、侦察、近距离空中支援和空域控制。

1）目标清单工作表

如果自动化系统不可用，则基于师炮兵表格4655目标清单工作表展开师火力组手动火力计划流程，同时展开野战炮兵营指挥所工作。师炮兵表格4655是所有目标的初步清单，火力组和野战炮兵营的目标工作军官可通过此表进行选择和计划。

2）目标透明图

目标透明图可用于补充师炮兵表格4655。透明图是使用标准军事符号的图形表示。目标以符号和目标编号的形式绘制在透明图上。支援机动部队和所有火力支援协调措施的火力资产，都应绘制在透明图上。透明图可作为工具用于：解决目标重复的问题；整合火力计划和机动计划；选定最合适的分队来攻击目标。

如有必要，师火力组和执行支援的野战炮兵营指挥所人员，将使用火力支援协调员的初始火力计划解决由火控技术引起的矛盾。可根据形势为任何情况制订火力计划，例如，目标组和目标系列、程序、烟雾和照明、准备工作、反准备、袭扰。

3）计划工作表

如果高级野战炮兵战术数据系统不可用，则为各火力计划准备单独的师炮兵表格4656计划工作表，这是火力计划员将目标组织成特定计划的工具。师炮兵表格4656可提供下列信息：攻击预计目标的特定次序；需要一次以上齐射的目标，这些目标将按照正在使用的武器系统的持续射击速度进行计划；每一个火力中心对每一个目标的弹药总开支；如果目标偏离高爆-瞬发引信的标准，则对各目标采用其他弹药-引信组合；即将受到攻击的待召唤目标；任何特殊的指令；可用火力资产。

除非备注栏另有说明，否则所有目标都将使用瞬发引信-高爆弹药进行攻击。计划工作表给出了对所有目标的弹着时间，出现在目标清单工作表上但没有出现在计划工作表上的目标属于待命打击目标。

4）目标组

目标组通常在受支援分队的命令下受到攻击。计划目标组以使初始火力同时打击各目标。在师炮兵表格4656的第一行，输入组号。在组号之下，将目标与所分配的火力中心相对列出。在各目标编号之下，显示待发射的弹药数量。目标编号和弹药之间不画线或点。在同一张师炮兵表格 4656 上可计划多个目标组。

5）目标系列

目标系列由火力支援计划组或下级及支援分队的火力支援军官进行计划，以支援师指挥官的机动计划。对目标系列的打击可等待召唤，也可在特定的时间或事件中打击。目标系列从零开始计划，一旦开始，其中的目标和目标组按照预定的时间次序打击。火力请求人员决定是否对目标系列中的集群目标进行同时打击。打击基于目标性质和师指挥官的要求。当有特殊需求时，集群目标可独立于目标系列之外予以打击。与目标组一样，手动计划和调度目标系列是一个耗时的过程，可能需要纳入执行支援任务的野战炮兵部队的火力。

6）程序

各类型的程序都要从零开始计划，并根据需要进行扩展。行表示火力持续时间，点表示给定时间内同时发生的齐射（例如，一次齐射可以是一个炮兵连、营或一个野战炮兵旅的齐射）。一旦程序启动，程序中的目标就如计划所示按预定次序受到火力攻击。通常，指定和计划目标程序的最低指挥层次是野战炮兵营，没有与目标程序相关联的特殊制图，程序通常可在师炮兵表格和火力计划表上查到。

7）烟雾和照明

有些目标有特定的射击时间段，但弹药需求却是未知的，例如，受风速和方向影响消耗的烟雾和照明目标。为完成照明或烟雾计划，火力支援计划员应该用一条水平线表示到达目标的时间和火力持续时间，把目标编号放在这条线上，线下方，在备注栏中输入注释显示攻击方法（例如，用照明弹、增加距离等）。

15. 火力支援执行表格

火力支援执行表格是简明的计划和执行工具，显示了火力计划的诸多因素。该表格帮助火力人员和指挥官理解火力计划如何支持机动计划。火力计划是为使用某分队或某部队的全部武器而制订的战术计划，以协调各武器之间的火力。无论是进攻还是防御，火力支援执行表格都是颇具价值的计划工具。一经批准，该表格将成为主要的火力支援执行工具。该表格详细描述了火力计划的各组成部分，各师下级指挥官、火力组、火力支援军官和观察员分别负责执行。该表格以图形化的形式传达火力段的细节，并根据机动方案的时间或事件将执行者与目标联系起来。火力支援执行表格的格式及其制订和使用的技术因各分队的战术标准作业程序不同而不同。在该表格的典型格式中，沿左侧显示机动元素，沿顶部显示任务的不同阶段（阶段线、事件或时间）。各阶段与确立于机动执行表格上的各阶段对应。

1）初始火力支援协调措施

师指挥官通常根据火力支援协调员的建议确立除分界线之外的所有火力支援协调措施。火力支援协调员的建议基于师指挥官的指导、己方部队的位置、机动方案和预计敌军行动。

2）联合空中支援计划

联合空中支援计划在师整体火力计划的制订中至关重要。师长必须确定和阐明来自近距离空中支援和空中遮断目标的预期效果，细节包括时间、地点、合理性。在大多数情况下，师没有足够的具体信息来批准或向近距离空中支援提交空中支援申请打击。师可采用的一项技术是为待召唤的地面预警近距离空中支援或机载预警近距离空中支援，这些具有作战能力的空中资产发送预先计划的空中支援申请。随着空中任务分派命令执行过程中情况的变化，这些专用预警飞行任务可以由地面预警近距离空中支援转变为机载预警近距离空中支援，再转变为近距离空中支援。师通常是第一级指挥，其作战速度能够按时向其上级指挥机构或联合空中作战中心的战场协调分遣队提交预先计划好的空中支援申请。因此，师火力组应该考虑下级以及更低一级部队行动（旅战斗队和营）的空中支援请求，并为空中任务分派命令中的专用空中任务发送预先计划的空中支援申请，以支援师级行动。师空中支援作战中心可管理空中任务分派命令中专用于师级行动的架次，并重新确定其方向和目标。

3）空域管制计划

师空域管制包括详细的协调和整合，以有效使用近距离空中支援、空中遮断、间瞄火力、防空炮兵、陆军航空（包括无人机系统）和机动行动。师参谋应设立空域管制工作组，至少应包括火力组、目标工作军官、空军联络军官、战术空域控制小组、防空反导分队、无人驾驶飞行器系统计划员和空域分队的代表，以制订计划将所有师空域用户整合入师指定的空域。航空空域管制军官应领导空域管制工作组。空域协调措施由下级各旅制订，通过战术空域集成系统以分队空域计划电子版的形式发送到师空域分队。师空域分队审查下级部队的空域计划，并将其整合为师空域计划。所有师级空域计划一旦完成，师依据美国陆军野战手册 FM 3-94 作为战术作战指挥机构，则本级空域分队将把空域计划发送到上级指挥机构的空域分队。师与其他联合部队竞争空域的使用权。获批准的空域协调措施会发布在空域管制命令上。

16. 行动计划分析（战争模拟）

行动计划分析或战争模拟识别哪些行动计划能够以最低伤亡风险完成任务，同时将师置于主动位置。战争模拟提供细节和改进措施，验证作战能力，并同步火力计划。在战争模拟和行动计划比较中，火力支援协调员必须能够从火力的角度理解并向师指挥官简要介绍各行动计划的利弊。

进行战争模拟有助于火力支援计划组将火力作战功能与其他作战功能同步，有助于师参谋将火力整合入整体行动。在战争模拟中，火力支援计划组确定各分队或相关行动如何对行动计划的火力计划及其相关的时间线、关键事件和决定点作出贡献。在战争模拟中，须根据需要，修改与各行动计划相关的火力方案，测试计划的可行性、收集重要材料、列出全部己方部队部署情况、列出关键事件和决定点、选择战争模拟方法、选择记录和显示结果的方法、对战斗进行战争模拟和评估结果。

师参谋、火力支援协调员和目标工作组不断评估火力与师指挥官在战争模拟中新的作战概念的融合程度。他们从火力的角度列出各行动计划的优缺点。师指挥官和火力支援协调员之间的这种相互作用会基于火力资产的可用性和分配影响指挥官的选择。战争模拟的结果是产生行动计划，将火力与机动以及其他作战功能整合。对行动计划进行战争模拟的结果：对行动计划的改进或修改；改进在行动计划制订期间开始的火力、信息收集能力和电子战任务；识别下级部队的任务和任务组织要求，包括为战斗提供火力组织以支援各行动计划；对下级以及更低一级指挥层次进行火力事件分析；识别协同需求；包括对火力支援协调措施或空域协调措施的建立或修改；对各关键事件以及整个战斗持续时间的估算；在各关键事件中击败的全部敌军的百分比的预测；识别需要使用的其他作战能力；为各行动计划识别火力风险（识别决定点、具名关心地域、重要目标地域、决定性地形和其他关键事件）。

此外，战争模拟还会产生下列结果：识别火力和其他空域计划使用之间的空域冲突；识别化学、生物、放射性和核事件；确定后勤保障所需的额外需求；通过使用虚假的准备火力和遮掩物（烟幕）识别欺骗和突袭需求，火力支援资产可用来误导敌军；识别任务指挥要求；识别程序性和积极控制的要求；识别分支（备用方案）和后续（后续行动）；识别指挥官的关键信息需求；识别优势与劣势；确定、调整和同步在行动计划制订期间启动的高回报目标；应使用哪些目标捕获和信息收集资产来检测高回报目标；何时攻击各高回报目标；针对各高回报目标使用何种系统或攻击方式；每次攻击的预期效果；评估要求；哪些高回报目标需要特殊指令或协调。

17. 行动计划比较

在行动计划比较过程中，师参谋比较可行的行动计划，以遴选出对己方最有利对敌方最不利的行动计划。火力支援计划组评估各行动计划的利弊并提交结果。参谋根据战争模拟前制订的评价标准概观各行动计划并分析利弊。火力支援计划组将这一分析记录在火力不间断判断中，包括行动计划利弊分析、行动步骤比较、对制订行动计划的建议。

火力支援计划组进一步为协助制订行动计划改进火力支援产品草案，包括高回报目标清单；目标选择标准；攻击指示矩阵；火力支援任务中的信息收集活动和网络空间电磁行动；用于评估的性能指标和效能指标；更新的持续火力判断；信息收集计划的输入；作战计划或作战命令中的火力计划；如果发布火力附件，则还包括火力支援和执行表格，目标清单和透明图（如有必要），以及目标协同表格（或修改后的目标协同表格）。

18. 行动方案批准

行动方案的批准、后续的步骤和命令是对行动计划分析和比较的结果。比较行动方案后，师参谋选择首选行动方案，并向师指挥官提出建议。火力支援计划人员将推荐的行动计划转变为火力支援建议，待师指挥官批准。师指挥官批准的行动方案（不经修改，或经定向修改）是师作战方案、火力方案及相关火力支援任务的摘要，包括：火力优先次序、火力支援资源的分配、战斗火力支援组织、指挥与支援关系、高回报目标清单、目标选择标准、攻击指示矩阵或目标协同表格（如需使用）。

在参谋向师指挥官提交行动方案批准简报的过程中，火力支援协调员将火力计划作为各行动方案简报的一部分进行介绍。这份简报的详细程度，包括火力支援协调员介绍的部分，取决于师指挥官参与战争模拟的程度以及其发布的具体简报要求。通常情况下，火力支援协调员的简报涵盖作战命令火力计划的关键细节，强调各项火力支援任务以及与该行动方案相关的各关键火力支援制约因素。火力组计划员和目标工作军官通常提供梗概、地图透明图或地形模型，以便更加清晰地传达火力支援计划的细节。如果火力支援协调员认为有必要，他可以请求增加或修改师指挥官意图或火力支援指导。

行动计划一旦批准，师指挥官可以改进指挥官意图并发布附加计划指导。火力支援协调员、火力组计划员和目标工作军官负责准备师命令中的火力部分，并参与所需的背景介绍和演习。行动计划批准后发出的预先号令包含执行部队完成计划和准备所需要的信息。预先号令的火力内容包括：火力对指挥官意图或作战方案的贡献；指挥官对关键信息需求的变化；附加或修改的风险指导；时效性要求高的侦察任务；需要提前启动的火力任务。

19. 命令的制定、发布和变更

根据师指挥官的决策和最终指导，参谋改进并完成批准的行动计划，发布作战计划或作战命令。师指挥官一旦批准行动计划，该行动计划的目标工作产品便成为行动中目标工作的基础。目标工作组与目标工作委员会召开会议，确定最终的高回报目标清单、目标选择标准、攻击指示矩阵、性能指标、效能指标、目标工作协同表格、火力支援任务、信息作战能力的和网络空间电磁行动，以及信息收集计划。火力组计划员和目标工作军官也会执行额外的协调工作。在完成这些任务之后，目标工作组和目标工作委员会成员确保将属于其职能领域的目标工作因素放在作战计划或作战命令的适当部分。

火力组和执行支援任务的野战炮兵营行动军官会展开平行计划工作，确定火力支援任务以及制订野战炮兵营作战命令或野战炮兵支援计划。还应开始着手确定和协调火力支援、野战炮兵和联合武器演习/联合兵种演习要求。

20. 演练

师炮兵和火力支援人员可参与多种类型的演练。最常见的类型是联合兵种演练、火力支援演练和野战炮兵战术和技术演练。多重演练确保师炮兵和火力支援人员在支援火力机动计划时实现最大程度的集成和协同。如时间有限，演练的次数和范围就会减少。在这种情况下，演练可能着重于火力支援任务或机动计划的特定方面。可进行联合火力支援以及野战炮兵演练。与野战炮兵技术演练相协调的火力支援演练应在联合兵种演练前进行,条件允许时,应包括行动人员、情报参谋以及目标工作组的其他成员。

虽然只要有条件,演练均基于完整的作战命令。但是,分队可以仅针对应急计划进行演练,为提前部署作好准备。演练不能取代战争模拟。演练是对计划的协调,不是分析。指挥官在军事决策过程中进行战争模拟来分析不同的行动计划,以确定最佳方案。演练则用于实践选定的行动计划。指挥官在演练期间只改变那些对任务成功和降低风险至关重要的地方,避免对作战命令进行重大变更。

1) 联合兵种演练

火力支援计划可作为师联合兵种演练的一部分,进行演练的火力支援关键人员包括火力支援协调员、师火力指挥官、师炮兵和师火力组,师火力组包括联合空地一体化中心、气象官、下级和支援部队火力组代表、师情报助理参谋长、助理后勤参谋长、通信助理参谋长、化生放核军官,以及工程协调员。组成或支援该师的指定和附属联合兵种部队将参与演练。师参谋长(执行军官)通常使用协同表格或执行目录指导演练;师舰队指挥官应使用火力支援执行表格。演练的执行通常通过详述或推演下列动作:即将发生的行动,己方部队可能的举措,针对敌军举措可能的反应,控制措施,与行动时间或阶段相关的重大事件。

在行动的各阶段或时间段内,师火力指挥官需检查下列内容:高回报目标的坐标位置;各目标和目标攻击标准的触发点;各目标的主观测员和备用观测员;各观察员的主要和备用通信链路;各目标均包含任务(包括要达到的效果)和目的,并清晰概述目标工作优先级;攻击方法("听我指挥",击中目标时间,何时做好准备);针对各目标的攻击指导,如火力中心、炮弹和引信组合,以及齐射次数;具体到部队何时何地行动的行动计划。

2) 火力支援演练

火力支援演练时间应不超过 90 分钟,并应确保火力支援行动与机动计划协同。火力支援演练围绕火力支援任务,重点验证火力支援执行表格、火力支援协调措施的有效性,以及所有火力支援行动的时间安排、各种机动行动同步率。火力支援演练有助于完善火力支援计划,确保所有火力支援人员都能理解计划，并证明执行火力支援的可行性。

火力支援演练可包含参与计划和执行火力支援计划的所有主要机动和火力支援人员，包括支援野战炮兵营指挥所。师指挥官、火力支援协调员、火力指挥官、参谋长、作战参谋及下级旅代表参加火力支援演练。参与演练的师参谋军官包括情报助理参谋长、后勤助理参谋长、通信助理参谋长、目标工作军官、野战炮兵情报军官以及联络军官。

21. 火力核准

此工作内容详见第五章 5.3 节，在此不再赘述。

8.3.3　火力支援准备

作战计划或作战命令发布后，师参谋、火力支援计划人员应集中资产进行行动准备，主要包括：①提供作战计划或作战命令简报的火力支援部分。火力支援命令简令通常包括火力计划；火力支援任务、高回报目标、高回报目标清单；火力支援后勤保障资产的可用性、状态、分配及优先次序；火力核准步骤；目标选择标准及攻击指示矩阵；火力支援协调措施；目标细化截止时间；演练指导，通信和转发要求。②发布作战计划或作战命令。协助下级部队和参谋进行计划和协调；监督准备工作，包括实施风险管理控制；执行火力支援计划或通过助理作战参谋长的个别命令进行调整以适应不断变化的情况；根据更准确或额外的信息（高回报目标清单、目标选择标准、攻击指示矩阵）验证和改进目标工作产品，并在战术指挥所和主指挥所间传递最新信息；响应信息请求；继续为师、军或其他上级指挥机构查明目标、支援野战炮兵旅部队和任何已指派的师炮兵野战炮兵营；确保信息传递至火力中心。③参与联合兵种、火力支援和信息收集演练。

通过参与演练实现以下目的：明确指挥与支援关系；完善信息收集计划；验证火力支援计划，以及验证火力支援资产的移动、定位和保护方案；火力支援与其他作战功能的同步和整合；火力支援任务（包括信息作战和网络空间电磁行动的适当方面）以及己方部队和敌军的位置；火力支援协调措施、交战规则、火力核准和空域协调程序；高回报目标、高回报目标清单、目标选择标准、攻击指示矩阵和执行职责；目标捕获计划要求；个别命令变更传递到上下级和本级部队。

进攻、防御和稳定任务中火力支援从战术层面到战略层面都发挥重要作用，并广泛应用于决策、形成和后勤保障行动中。在联合军事理论中，火力对目标的效果可以是杀伤性的，也可以是非杀伤性的。任何情况下都应对火力进行计划。

1. 进攻行动火力支援

进攻行动是为战胜、摧毁敌方部队以及夺取地域、资源和人员聚集地而执行的任务。进攻行动的首选方法是在一定距离内发现并歼灭敌军，为决定性机动创造条件。指挥官必须利用一切可用的技术优势来获取情报、创造杀伤性和非杀伤性效果，以实现决定性机动。

支援进攻行动要在整个作战地区范围内使用密集火力或精确制导弹药、迫击炮、旋转翼和固定翼空中支援、电子攻击和其他联合火力资产打击目标。

采取进攻行动是为了获得和保持主动。火力投射是为了保证进攻任务的关键特征：突击、集中、快速和大胆行动得到保障，帮助受支援部队夺取、保持和利用主动权。要实现突击，师需要及时收集敌军、天气、地形和民事方面详细的情报。火力支援计划员通过设定优先级、集中火力针对高回报目标以及采取密集火力来集中火力支援资产。火力支援系统固有的灵活性决定指挥官能够掌握行动的速度。火力支援计划员使用火力支援资产时应当机立断，积极运用火力并作出胆大心细的决定。

1）进攻行动火力支援综合考虑因素

火力支援时常需要在迅速移动和不确定的情况下及时作出反应，以实现和保持主动。火力支援资产的攻击是指挥官对正在实施的行动施加影响的主要手段之一。火力支援可使己方部队力量倍增，增强部队生存能力，牵制敌军，确保侧翼的安全。火力支援也可用来压制被绕过的抵抗区域，直到后续己方部队能够扩张战果。

进攻过程中相比集中执行，分散执行使得机动分队可获得足够的火力展开支援行动。同时，火力支援协调员也必须保留足够的资产，以便在关键时刻和地点发挥重要作用，支援决定性行动。如果指挥官拥有可观的空中或海军水面火力支援资产，可以通过组织战斗和分配支援关系，对大部分野战炮兵资产建立分散控制关系。如果空中和海军水面火力资产受限，火力支援协调员应确保指挥官保留足够的野战炮兵资产来应对潜在和未知的关键事件。

师作战地区幅员较大，转移野战炮兵资产或其火力比低级部队更困难。在整个作战地区转移海军水面火力支援效果可能也会比较困难。为了在关键时刻迅速、密集射击，师要求投入更多空中资产。因此，空中资产需要详细的计划，以确保在需要时可用。

诸多进攻情景中应考虑：部署并执行机动，开展情报工作，运用火力，进行后勤保障，行使控制，保护作战力量。

2）部署机动

火力支援计划员必须确保火力计划足以配合部队的机动行动。火力优势对于师免于敌军干扰，在给定地点和时间夺取主动权和进行机动的能力至关重要。火力计划应确保师尽早取得火力优势，并在整个行动中保持火力优势。

在野战炮兵下级指定区域作战尽可能用分散的方式进行地形管理。上级火力组可以根据需求、指挥官优先权、野战炮兵部队番号、与其联络的野战炮兵指挥部，向下级部队火力组发出警报，随后组织协调师野战炮兵部队和下级机动部队火力组。师主要火力组和师炮兵指挥所必须通力合作，确保野战炮兵部队的地形管理工作得到有效、及时的协调。

任务变量决定了野战炮兵资产的位置。通过在特定区域部署野战炮兵资产和分配火力区域，指挥官可以增加主攻的力量，提供额外支援，并为未来的行动提供便利。在进攻行动中，基于武器射程炮兵将被部署在前沿地域，并应避免在最需要火力的时候过早移位。

3）情报工作

火力支援计划员调整火力计划以适应战斗的进展时，包括兵种、后续和意外变化，必须理解火力、情报和目标捕获之间的关系。情报和目标捕获资产的再定位可能与各种控制措施有关。

4）运用火力

火力支援中的火力运用包括根据指挥官意图和高回报目标清单侦察目标和发扬火力。

（1）侦察目标。分配空中观察资产，引导部队快速行动，例如包围、迂回、突破、追踪和联络。以上行动取决于无人驾驶飞行器系统和其他机载收集资产的作战能力和可用性。建立传感器到射击器的连接，以便攻击时有足够的高回报目标。执行或支援掩护任务的攻击直升机部队也可以定位目标并要求执行间瞄火力任务。应最大限度地利用可用空中资产来捕获目标以进行反火力。

(2) 发扬火力。此过程考虑各分队和行动各阶段的火力。在整个攻击过程中，对火力支援资产和远程火力的分配都用来支援各下级机动部队。在主攻行动中增加近距离空中支援和攻击直升机支援：计划内的一系列近距离空中支援使得主攻部队能够对战斗过程中出现的突发事件作出应对，并保持主动；如果指挥官需要火力支援更高优先级的非预期任务，则更低优先级的师和下级部队得到的近距离空中支援和攻击直升机支援需转移。

在主要攻击开始前，实施欺骗行动，向不在主要攻击范围内的前沿敌军部队进行集中射击，并出于欺骗目的攻击一些纵深目标。这些火力应与其他行动相辅相成以误导敌军确定主攻位置。

5) 后勤保障

保障部队跟踪后勤保障系统能力，使其跟上战斗进程和先头部队的行动。协助协调必要的空中再补给，以保持火力支援维持行动。

保障部队了解战斗和维护消耗对火力支援设备以及人员伤亡和疲劳的影响。由于可获得的火力支援资产和资源可能会减少，因此，在纵深行动后期的火力计划通常要更加保守。有时对后勤车队路线的规划可能比对野战炮兵或机动部队路线的规划更重要，需给予更高优先权。

保障部队与炮兵部队紧密合作，确保充足的工程保障，有助于野战炮兵部队的移动和阵地占领。由于师、旅交通被破坏，公路桥梁对于野战炮兵部队来说可能无法通行。

6) 行使控制

师预备队通常在进攻行动中发挥关键作用。其他部队可以执行跟踪-支援任务，或跟踪-承担任务。必须对待命任务和战斗交接线进行全面的计划，有效地转移火力支援资产和火力控制职责。

在快速移动的进攻行动中，连续火力支援协调措施在不断变化，并应及时向所有受影响分队传达其变更。在标准作业程序或火力支援计划中，应明确更改火力支援协调措施的触发点和权限。

在涉及突破、包围和其他纵深、快速推进的部队行动中，野战炮兵战斗组织可能需要协助师指挥官建立野战炮兵综合营。这可以通过在不重组野战炮兵部队的情况下将其配置到师来实现。

7）保护作战力量

在快速推进的行动中，应使用可用机动资产或宪兵来保护野战炮兵和目标捕获资产。这些力量可以与野战炮兵和目标捕获分队一同前进，或者在占领前清理阵地区域，确保在为火力支援系统再补给交通线提供足够的安全保障。

2. 防御任务火力支援

防御任务是为打退敌军的进攻、争取时间、节省兵力，并为进攻或稳定任务创造有利条件而执行的任务。

持续不断的火力提供全方位保护、早期预警和防空反导功能，支援防御期间的作战。火力支援资产在整个作战区域内使用密集或精确的火力①、迫击炮，同步旋翼和固定翼空中支援，电子攻击和其他联合火力②攻击目标。火力支援资产还保护平民聚集地和关键基础设施，这些资产对获得本土支持和维持美国战略目标至关重要。防御的一个特征是己方奋力从进攻的敌军处夺回主动权。防御指挥官利用防御的特点——扰乱性、灵活性、机动性、集中性、纵深作战、预备性和警戒性完成任务。火力支援在扰乱敌方的速度和同步方面起着关键作用。执行火力支援计划应通过分配和快速转移火力来满足防御行动灵活性的需要，从而支援防御行动；通过支援设障计划和提供火力协助己方部队行动和撤出战斗，来支持防御行动中的机动性。部队能否在关键地点和关键时刻集结压倒性战斗力，集中效果起着至关重要的作用。纵深作战使得火力能够在敌军近距离接触己方前对其发动进攻。准备工作使火力支援计划员能够选择防御地形和准备防御行动。火力支援必须补充和支援所有警戒部队和部队保护计划。

火力支援协调员根据任务就战斗组织向师炮兵和任何经指派的野战炮兵营提出建议。师指挥官提供充分支援，但通过指派全般支援或全般支援-加强支援关系，保持对资产的集中控制。

---

① 美国陆军迫击炮没有列入炮兵编制。
② 非陆军炮兵的火力。

通常在防御作战中，师炮兵对野战炮兵资产采用更为集中的控制方式。这使得师炮兵指挥官可以根据敌军的行动，灵活支援所有旅战斗队，并投射密集火力为决定性行动提供支援。师炮兵需考虑：在部队炮兵营当前的任务编组中，加强编入旅战斗队野战炮兵营；需要更高程度的师炮兵集中控制时，建立全般支援-加强支援关系可能比较合适；如何向师掩护部队提供充分支援；可用的野战炮兵营数量和最易受攻击区域的位置（师区域侧翼或中心）。

在后退行动中，地面机动部队不断与敌军接触，需要响应式炮兵火力来辅助机动以及断开己方与敌军的接触。师炮兵继续集中控制整个部队的火力支援资产。此外，师炮兵必须灵活使用集中火力，支援个别旅战斗队并利用火力撤出战斗和再部署（转移阵地）。

3. 稳定任务火力支援

火力支援通过发扬火力来保护部队和当地居民。支援稳定行动的野战炮兵部队既执行进攻任务也执行防御任务，帮助指挥官达成目标。这些任务可能包括警戒部队支援和战略攻击。稳定任务可能需要火力支援资产精确发射火力，以减轻支援进攻任务和防御任务时附带损伤的影响。

4. 对民事当局防务支援的火力组织

火力支援组织，特别是野战炮兵部队很少执行对民事当局的防务支援任务。野战炮兵部队指挥官有"快速反应授权"和"紧急授权"，在总统无法下达命令且当地政府无法控制局势的特别紧急情况下，指挥官有权临时采取行动镇压大规模的民间突发动乱、保护财产安全、恢复政府职能以及保护生命免受伤害。野战炮兵部队配备能提供有效任务指挥、观察所、护航行动的资产和人员；如有需要可协助民事当局进行维护当地安全、后勤保障和联络等方面的工作。野战炮兵部队通常以非传统的方式参与民事当局的防务支援行动。

8.3.4 火力支援评估

火力支援协调员和火力组必须持续评估他们是否取得了预期效果，并提供再次攻击建议，以确保满足指挥官的指导要求。作战评估决定了作战中火力支援运用的整体效能。

效能指标有助于衡量情况的变化，包括积极变化和消极变化。效能指标能够回答这样的问题：正在做的事是否正确？性能指标用来评估与任务完成相关的己方部队行动。性能指标能够回答这样的问题：工作方式是否正确？效能指标和性能指标经常出现在正式的评估计划中。效能指标和性能指标是进行作战评估的前提。

不间断火力判断帮助指挥官掌握情况，对行动的现实分析使得指挥官能够确定攻击的有效性，根据观察到的结果修改支援计划，并重新确定火力支援需求的优先级。任何可能影响任务的变量都是一个因素。应收集可用的信息再进行判断。收集好有关信息并识别出可能影响计划的因素后，应列出因素并按优先次序排列。

火力支援协调员和火力组，生成和保持不间断火力判断并考虑：上级指挥部的明确任务和暗含任务；作战力量和限制，包括野战炮兵武器、野战炮兵弹药、野战炮兵炮位雷达、近距离空中支援和其他相关固定翼支援，以及来自上级指挥机构的其他资产；野战炮兵和迫击炮测量支援；制订并发布火力支援协调措施；交战规则的影响；地形和天气对己方部队和敌方部队的影响（如烟雾、近距离空中支援和空中遮断）；对信息收集计划的支援和要求；初始高回报目标清单；为战场情报准备分析中的火力支援内容；火力支援的任务及目的。

8.4 大规模作战行动中的野战炮兵作战编组[①]

为满足大规模作战行动的需要，美国陆军正在对其部队编成进行大幅调整。本轮调整的主要驱动因素是将师界定为作战行动单元，以及使军重新成

[①] 本部分内容节译自格雷格·兰克福德上校（Greg Lankford）发表于美国《野战炮兵》杂志2023年第三期（第30~35页）的文章，略有删改和调整。格雷格·兰克福德上校1984年入伍成为炮兵部队列兵，并于2018年以炮兵部队上校军官身份结束了在美国俄克拉荷马州国民警卫队34年的军旅生涯。在第45野战炮兵旅服役的30年中，兰克福德上校多次任职于作战类岗位，包括营作战参谋和执行官，野战炮兵旅作战与情报军官，火力旅作战科长和副旅长。曾任第171野战炮兵团1营A连、C连（多管火箭炮）连长，第158野战炮兵团1营（"海马斯"火箭炮）营长，第45野战炮兵旅旅长。其作战经历包括1991年的"沙漠风暴"行动和2008—2009年的"伊拉克自由"行动。兰克福德上校目前在野战炮兵司令办公室工作，担任预任指挥培训班的签约导师和野战炮兵上尉职业培训班的顾问。

第 8 章　师以上部队炮兵火力运用

为战术指挥部。在陆军现役部队中，师炮兵正在重回作战一线，国民警卫队的各师目前也在经历相同的调整。重建军一级战役火力司令部的工作也在进行之中。使用"重建"一词是因为即使战役火力司令部的最终结构形式与历史上的军炮兵不完全相同，但其核心作用是一样的。由于军和师以火力遂行作战任务，因此，拥有建制内的专责炮兵指挥部，并设置火力支援协调官席位，这对于军和师两个层级有效计划和完成决定性火力任务十分关键。

在炮兵实施模块化编组之前，军和师是如何作战的？这是当前在领导岗位的人员应当思考的问题。军和师作战所采用的方式方法正是在结合数十年经验和"沙漠风暴"行动的大规模作战实践基础上形成的。这些经验和实践做法集中体现于野战手册 FM 3-09.22《军炮兵、师炮兵和野战炮兵旅作战规程》(FM 3-09.22 Tactics, Techniques, and Procedures for Corps Artillery, Division Artillery, and Field Artillery Brigade Operations) 中。实施模块化编组之前，军、师、旅各级火力作战的方式在该条令中均有清晰的表述。现在是时候重拾这些经过充分检验的野战炮兵作战编组方法，将其作为陆军着手重建军和师层级火力编成时的基础和依据。

8.4.1　编成等级

过去军炮兵、师炮兵和野战炮兵旅互相配合，并在各自作战地域内遂行任务，但这种编组形式似乎已经变得很遥远。这之后的部队经历了模块化阶段，陆军不得不依赖火力旅和野战炮兵旅来担负其力有不逮的军炮兵、师炮兵职能。不过，可喜的是职能相对独立的野战炮兵旅正在逐步回归，在危及未来大规模作战行动中炮兵地位作用的不科学决策出现之前，回顾军炮兵、师炮兵和野战炮兵旅各自职能正当其时。

1. 军炮兵

军炮兵是军的野战炮兵指挥部，同时又基于职能为下级各师塑造战场态势，并向下级野战炮兵作战编组提出建议，以确保各师拥有完成任务所需的火力资产。过去的军炮兵并无建制内的野战炮兵旅，也无后勤保障要素，但有多个野战炮兵旅与其建立常态联系机制，军遂行大规模作战行动任务有需要时，相关旅即可配属给该军。这些野战炮兵旅为整个军提供遂行军作战任务所需的火力资产。作战初期的战役级炮火准备完毕后，火箭炮火力需求迅速由军向师转移，此时，军调整全部或大部分野战炮兵旅的作战编组，为师提供更强的火力支援。

由于师一级拥有的建制内远程火力平台较少，难以满足作战所需，因此军通常为每个参战师分配至少一个完整建制的加强支援野战炮兵旅。此外，军的主攻师可得到两个加强支援野战炮兵旅。这对于不熟悉野战炮兵过去作战编组形式的人来说，或许有些匪夷所思，但在面对炮兵装备胜"我"一筹的均势对手或准均势对手时，这被视为师作战所需的"充足"火力水平。己军不需要保留太多的野战炮兵支援力量，其作战重心自师前方分界线（通常与火力支援协调线重合）延伸至军前方分界线，这就意味着军是在其并无空域控制权限的地域内作战的，纵深地域内的目标往往也只能根据师前方分界线的实际距离，采用其他资产，如陆军战术导弹系统、联合部队资产、中大型无人机，或者是 AH-64 直升机予以打击。

鉴于导弹消耗量受到受控补给率的极大制约，军本级也不需要保留太多的导弹资产。军可用一个"海马斯"火箭炮排发射每天分配的少量导弹支援作战任务，而无须将一个完整建制火箭炮营或者野战炮兵旅留在军本级。将火箭炮营以全般支援或者全般支援-加强力量留在军本级，会降低火箭炮营对师火力支援的响应速度，原因是这种编组形式下各师的火力支援请求会让军的火力支援处应接不暇，违背了火力支援六原则的第三条（见 8.3.1 节）——确保火力支援即刻可用。未来精确打击导弹和增程型火箭弹（GMLRS-ER）成规模列装后，军本级也许会适当多保留一些火箭炮，即使如此，考虑到军实施纵深地域造势行动的距离和方式，单个 9 门制"海马斯"火箭炮连就能够满足军的任务需要。

同样，军本级集中过多火力资产也不利于反火力作战。军的作战重心在师前方分界线之外，该距离上的目标可能超出己方雷达的有效探测范围；即使没有超出，己方弹药较长的飞行时间，加上协调高度以上、火力支援协调线以外空域许可所需的处理时间，以及留给敌方阵地的转移的时间，都不利于反火力的有效响应。再者，实施集中控制的军反火力指挥部也无法有效管理军作战地域内的 20~40 部雷达，其使用的调频通信覆盖距离有限，反火力指挥部很难与横跨整个军作战正面的每部雷达保持联络。即使能够保证其对每部武器定位雷达的控制和联络，大量涌入的目标截获信息也会立即瘫痪军反火力指挥部，违背了火力支援六原则的第五条——可行前提下最大程度集中控制火力。最后，军反火力作战应当优先对纵深地域内敌方远程火力支援资产实施先发制人的火力打击。坦率地讲，这仅仅是军目标工作流程的一部分，战役火力司令部应当主要依托无人机和联合打击资产来执行此类任务。

2. 师炮兵

作为师的野战炮兵指挥部，师炮兵遂行造势行动为下级各旅创造有利态势，并为其分配顺利完成任务所需的火力资产。直接支援野战炮兵身管炮兵营是师炮兵的建制内力量，其用于支援机动旅直至前方分界线的作战行动，这些炮兵营会根据任务需要在作战编组中向下配属给机动旅。对身管炮兵营的集中掌握和使用可赋予师一定灵活性，能够确保其下级旅得到充足的火力支援，主攻方向也可得到更强的集中火力，但是这些身管火炮的射程、威力和数量均不足以满足师的全部火力支援需求。虽然部分重型师曾编有3个6门制连的多管火箭炮营，但是师炮兵的远程火力资产数量还是不足，无法满足师作战地域全纵深作战和反火力作战任务需要，师还需依靠军统筹编组分配的额外火力资产，才能获得充足的火力支援。

由于师炮兵虽然也负责己方部队前锋线至师前方分界线范围的反火力作战，但是此类任务往往由加强支援野战炮兵旅负责，因此，师炮兵重点关于可聚焦师纵深地域内的造势行动，并支援近距离作战。加强支援野战炮兵旅可在本级保留一个火箭炮营，指定其担任师反火力作战部队。师炮兵通常会根据火力支援协调官的野战炮兵作战编组建议，将加强支援野战炮兵旅的其余火箭炮营用于支援师纵深作战。师在本级一般赋予火箭炮营全般支援任务，不过，机动旅有合理需求时，师也可向其提供火箭炮火力支援。师炮兵将野战炮兵旅列装203毫米身管火炮作为全般支援炮兵营用于师本级，也可在特定作战阶段为机动旅提供额外的加强支援或者全般支援-加强火力。增程身管火炮列装使用后，也可担负此类任务（野战炮兵旅下级射程较远的身管火炮保留在师本级，担负全般支援任务）。与之类似，野战炮兵旅下级的，旅以上部队标准版155毫米榴弹炮营，在作战编组中也向下配属至机动旅，对担负直接支援任务的身管炮兵营起加强作用。这种编组方式是为了确保机动旅有完成任务所需的充足火力支援，也是增加旅级主攻行动威力的方式。旅以上部队身管炮兵营也可向上归口，在师炮兵控制下集中编组使用，以全般支援或者全般支援-加强火支援特殊行动,如师规模的渡河、破障或其他需要高度同步和集中火力的任务。

3. 野战炮兵旅

经适当作战编组运用,野战炮兵旅可发挥其"兵力倍增器"效用,既能确保军、师、旅各级拥有完成任务所需的充足火力支援,也可增加主攻方向的作战威力。由于陆军无法在每个军、师建制内编配其完成大规模作战行动所需的全部炮兵力量,因此野战炮兵旅支援成为"按需灵活调用"基础上弥补建制内炮兵力量不足的新方案。野战炮兵旅的基本职能,就是以师遂行纵深作战和反火力作战所急需的远程火力对师予以加强,并为旅级近距离作战提供额外的身管炮兵营火力。出于此目的,军掌握的炮兵旅会成建制加强给师,完整建制的野战炮兵旅可为师提供其本身建制内不具备,但完成大规模作战行动又必需的野战炮兵资产。除非野战炮兵旅不足以支援所有参战师的行动,野战炮兵旅通常不打散编组为单个营的形式。

对于担负加强任务的野战炮兵旅,其旅部通常被指定为师反火力指挥部。作为师反火力指挥部,野战炮兵旅负责管理师所有远程武器定位雷达,指定建制内某个火箭炮营为反火力任务单位,并在此基础上遂行反火力作战。这种编组形式提供了不间断专事反火力任务的旅规模指挥部,并为其配足了在己方部队前锋线至师前方分界线的师作战地域全范围内完成任务所需的全部反火力资产。师集中掌握反火力资产具有突出的优势,因为其不仅具有较强的可行性,还可建立清晰的传感器至射击器链路(以确保在师控制的地空火力支援协调线以内快速遂行反火力作战),也使担负直接支援任务的身管炮兵营能够全力聚焦于支援机动旅近距离作战的任务。再者,多管火箭炮因为可在身管火炮无法企及的纵深上对大面积目标迅速倾泻大量火力,所以成为反火力作战的首选武器。

作为目前唯一编设旅以上部队标准版身管炮兵营的野战炮兵旅,国民警卫队中的野战炮兵旅(8个旅共有17个下级炮兵营,含10个"帕拉丁"炮兵营、7个M777式榴弹炮营)是加强师作战的理想炮兵力量,如表8-1所示。国民警卫队于2015年至2016年期间对其全部野战炮兵旅中的旅以上标准版身管火炮营和火箭炮营进行了重新分配,目的是为师提供编组形式一致、身管火炮与火箭炮混编、可快速部署的整建制野战炮兵旅"兵力包"。国民

第8章 师以上部队炮兵火力运用

表8-1 国民警卫队野战炮兵旅现行编制及联训现役师

野战炮兵旅	第169旅（科罗拉多州）	第65旅（犹他州）	第115旅（怀俄明州）	第197旅（新罕布什尔州）	第45旅（俄克拉荷马州）	第138旅（肯塔基州）	第142旅（阿肯色州）	第130旅（堪萨斯州）
"海马斯"火箭炮	第157团3营（科罗拉多州）	第113团5营（北卡罗来纳州）	第300团2营（怀俄明州）	第197团3营（新罕布什尔州）	第158团1营（俄克拉荷马州）	第623团1营（肯塔基州）	第181团1营（田纳西州）	第130团2营（堪萨斯州）
	第121团1营（威斯康星州）			第182团1营（密歇根州）	第133团4营（得克萨斯州）	第116团3营（佛罗里达州）		
多管火箭炮			第147团1营（南达科他州）				第142团1营（阿肯色州）	
帕拉丁火箭炮	第109团1营（宾夕法尼亚州）	第145团1营（犹他州）	第144团1营（加利福尼亚州）	第201团1营（西弗吉尼亚州）	第178团1营（南卡罗来纳州）	第138团2营（肯塔基州）	第142团2营（阿肯色州）	第161团1营（堪萨斯州）
		第222团1营（犹他州）						第214团1营（犹他州）
M777式榴弹炮	第119团1营（密歇根州）		第151团1营（明尼苏达州）	第103团1营（罗得岛州）	第123团2营（伊利诺伊州）	第150团2营（印第安纳州）	第117团1营（罗得岛州）	第129团1营（密苏里州）
联训现役师	第4步兵师	第1装甲师	第25步兵师	第10山地师	第1骑兵师	第101步兵师	第3步兵师	第1步兵师

警卫队大部分野战炮兵旅编有2个火箭炮营和2个旅以上标准版身管炮兵营，外加1个旅保障营和1个通信连——这是师遂行大规模作战行动所需火力支援的最低标准。从历史上看，国民警卫队曾有2个野战炮兵旅经动员后参与"沙漠风暴"行动的支援任务（分别配属给美国陆军的1个军，均担负支援师作战的任务），2003年又有2个野战炮兵旅经动员后参与"伊拉克自由"行动第一阶段任务，加强现役部队师的作战行动。作为陆军全般支援炮兵力量的主体来源，模块化改革前的国民警卫队野战炮兵旅一般与现役部队师和国民警卫队师一道开展训练，在作战演习中通常扮演师反火力指挥部的任务。

8.4.2 案例分析[①]

1. 历史案例

真实的大规模作战行动又如何呢？"沙漠风暴"行动地面作战首日，第7军炮兵支援第1步兵师所采用的野战炮兵作战编组形式是对AWIFM-N六原则的完美体现，如表8-2所示。当时，作为第7军主攻部队的第1步兵师，负责对一条坚固的防线实施师规模的破障行动。

表8-2 第1步兵师的炮兵编组

第1机械化步兵师炮兵：师炮兵指挥部	
第5野战炮兵团1营（155毫米自行火炮）	直接支援第1旅（助攻）
第5野战炮兵团4营（155毫米自行火炮）	直接支援第2旅（主攻）
第3野战炮兵团4营（155毫米自行火炮）	直接支援第3旅（跟随接替）
第6野战炮兵营B连（多管火箭炮）	全般支援
第25营D连（目标截获）	全般支援
第75野战炮兵旅：加强第1机械化步兵师炮兵；师预备野战炮兵指挥部并待命加强第1装甲师炮兵	
第17野战炮兵团1营（155毫米自行火炮）	加强第5野战炮兵团4营
第158野战炮兵团（多管火箭炮）1营A连	全般支援；待命加强（英军）第1装甲师
第18野战炮兵团5营（203毫米自行火炮）	全般支援-加强第5野战炮兵团1营
第27野战炮兵团（陆军战术导弹系统）6营A连	全般支援第7军炮兵
第26营C连（目标截获）	全般支援

[①] 本节译自司各特·林根费尔特（Scott Lingamfelter）所著《海湾战争中的炮兵作战》（*Desert Redleg: Artillery Warfare in the First Gulf War*）本书由肯塔基大学出版社于2020年5月出版，讲述了第7军和第1步兵师当时所采用的作战编组。

第 8 章 师以上部队炮兵火力运用

续表

英军第 1 装甲师炮兵：加强美军第 1 机械化步兵师炮兵；待命担负英军第 1 装甲师野战炮兵指挥部	
第 2 炮兵团（野战型，装备 155 毫米自行火炮）	全般支援-加强美军第 5 野战炮兵团 4 营
第 26 炮兵团（野战型，装备 155 毫米自行火炮）	全般支援-加强美军第 5 野战炮兵团 4 营
第 40 炮兵团（野战型，装备 155 毫米自行火炮）	全般支援-加强美军第 5 野战炮兵团 4 营
第 32 炮兵团（重型，装备 203 毫米自行火箭炮）	全般支援-加强美军第 5 野战炮兵团 4 营
第 39 炮兵团（重型，装备多管火箭炮）	全般支援
第 42 野战炮兵旅：加强第 1 机械化步兵师炮兵；待命加强第 3 装甲师炮兵	
第 20 野战炮兵团 3 营（155 毫米自行火炮）	加强第 5 野战炮兵团 1 营
第 39 野战炮兵团 2 营（155 毫米自行火炮）	全般支援-加强第 5 野战炮兵团 1 营
第 27 野战炮兵团 1 营（多管火箭炮）	全般支援
第 142 野战炮兵旅：全般支援-加强第 1 机械化步兵师炮兵；待命加强英军第 1 装甲师炮兵	
第 142 野战炮兵团 1 营（203 毫米火炮）	全般支援
第 142 野战炮兵团 2 营（203 毫米火炮）	全般支援
第 158 野战炮兵团 1 营（欠）（多管火箭炮）	全般支援并待命加强第 75 野战炮兵旅（第 1 装甲师）

（1991 年 2 月 24 日地面作战首日第 7 军主攻行动）

这一编组形式的鲜明特点是，军和师用标准版身管炮兵营在加强和全般支援-加强机动旅的同时，增加了师的作战威力，师也通过全般支援关系保留了对火箭炮的集中掌控。第 7 军在"沙漠风暴"行动中总共有 4 个野战炮兵旅，在作战首日集中其中 3 个旅（第 75 旅、第 42 旅和第 142 旅）支援主攻师。第 4 个旅（第 210 旅）配属给了在军左翼先头发起进攻的第 2 装甲骑兵团，紧随该团之后的是第 1 装甲师、第 3 装甲师。由于左翼助攻行动不涉及破障，因此一个野战炮兵旅的火力支援对于左翼作战群的先期行动是足够的。

首日前推获得进展后，第 7 军对野战炮兵力量进行了重新编组，为每个参战师分配了一个加强野战炮兵旅。第 7 军炮兵本级仅保留了一个连的多管火箭炮，指定其担负陆军战术导弹系统发射任务，在后续任务中主要负责在火力支援协调线以外执行空中遮断任务。在后续行动的编组中，美军第 1 装甲师、第 3 装甲师和英军第 1 装甲师均得到了野战炮兵旅的支援，行动第 3 天，由于第 2 装甲骑兵团编入军预备队，原支援第 2 装甲骑兵团的第 210 野战炮兵旅改为支援第 1 步兵师，实施向前越线行动。在此类规模的作战中，

157

野战炮兵旅在阶段转换时将整个建制调整给支援对象并不鲜见。不过,为集中控制以便遂行塑势任务,各机动旅也得到了为满足破障任务需要的、即刻可用的火力支援。在没有任何炮兵力量被编入预备队的情况下,主攻方向各层级均得到了火力加强。作战首日,3个担负支援任务的野战炮兵旅均配置在第1步兵师附近,以加快次日转移速度,便于后续作战。本次行动中第7军炮兵和第1步兵师炮兵完美运用了AWIFM-N六原则。

本小节很好说明了2005年前后,即美军不再编设军炮兵指挥部和师炮兵之前,军炮兵、野战炮兵旅和师炮兵成功遂行大规模作战行动所采取的编组形式。第1步兵师炮兵最大程度地运用了火箭炮的力量。

2. 假想案例

在军作战场景中,野战炮兵该如何调整其作战编组理念?下面两个假想案例展示的是战役火力司令部、师炮兵和师级加强野战炮兵旅的运用情况,以及不同指挥关系下如何灵活动用这些力量满足师本级和下级旅的需求。

假想案例之一:如图8-6所示。

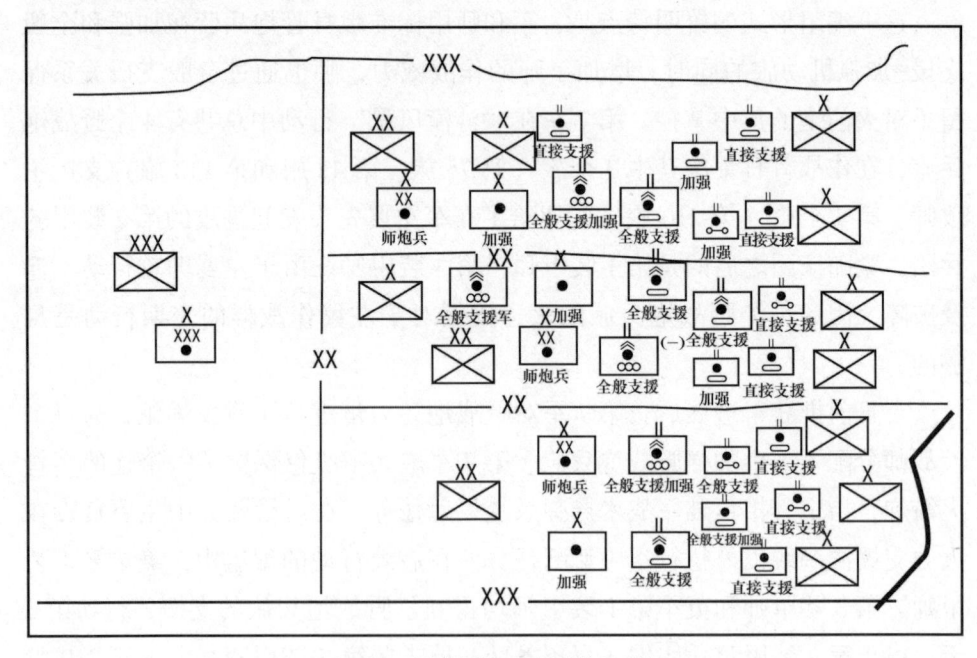

图8-6 军范围炮兵力量编组示例

第8章 师以上部队炮兵火力运用

假想案例之二：军范围内炮兵力量编组为3个师在军编成中遂行进攻作战任务。军本级编有战役火力司令部和3个野战炮兵旅，前者担任军野战炮兵指挥部，后者分别用于加强不同的师炮兵。

1师负责北方行动，由1个国民警卫队野战炮兵旅提供火力加强。师炮兵作为师炮兵指挥部，将炮兵旅中2个标准版身管炮兵营用于加强2个前方旅战斗队野战炮兵营，并赋予本级控制的"海马斯"火箭炮营全般支援-加强职能。国民警卫队野战炮兵旅被指定为师反火力指挥部，旅本级保留了对余下的"海马斯"火箭炮营的作战控制权，担任师的基本反火力任务单位。1个旅战斗队在师巩固地域内遂行任务，保留对建制内野战炮兵营的控制权。

2师负责中间地域行动，由1个现役部队野战炮兵旅提供火力加强并担任反火力指挥部。1个M270式多管火箭炮营担任师反火力任务单位，1个M270式多管火箭炮营和1个"海马斯"火箭炮营（欠）[①]由师统一掌握，用于支援师纵深作战。"海马斯"火箭炮营还需指定其中1个连，担负军的陆军战术导弹发射任务。对于编入预备队的旅战斗队，其野战炮兵营用于加强师主攻方向旅战斗队。

3师负责南方渡河行动，其中3个旅战斗队均靠前配置。1个国民警卫队野战炮兵旅为其提供火力加强，指定其中1个专责M270式多管火箭炮营担负师反火力任务。该炮兵旅的"海马斯"火箭炮营对师炮兵和实施渡河的旅实施全般支援-加强。3个旅战斗队均保留对担负直接支援任务营的控制权，炮兵旅的2个标准版身管炮兵营均置于师炮兵的集中控制之下，其中1个营担负全般支援任务，另1个对渡河行动实施全般支援-加强任务。

模块化改革前，野战炮兵的编制结构及其适配相关任务的作战编组具有较好的灵活性，可确保军、师、旅各级拥有完成各自任务所需的火力支援。如果军级设置战役火力司令部，国民警卫队各师炮兵也得到重建，则美国陆军将在军、师层级全面重建野战炮兵指挥部和12个独立的野战炮兵旅（不含长期驻韩的第210野战炮兵旅），这些均可用于支援大规模作战行动。全

[①] 存在于编制内，但执行任务时未加入。

面动员背景下至少 3 个军进场作战时,可为每个参战师至少分配 1 个野战炮兵旅提供火力加强。为应对未来大规模作战行动做准备时,这种编组形式成为常态化的组织形式,强化型的装备和训练工作更突出独立野战炮兵旅在这种编组形式中的职能能够得到。

附　录

附录 A　跨域火力

跨域火力指挥官负责在作战地域内整合火力，听取火力支援协调官、空中联络官、火力支援官，以及防空反导、网络空间、电子战、太空、特种行动及信息环境等方面专家的相关意见，来分配、整合和运用火力资源。全域范围内的火力需要仔细协调和计划，支援指挥官作战计划。有关系统的运用需要一套科学的方法论和联合部队协调措施，具体包括地对地火力、空对地火力以及其他指挥官用以支援作战意图的非杀伤性手段。

A.1　地对地火力

陆军地对地火力机动分队内成建制的身管火炮、火箭炮和导弹系统以及迫击炮实施。野战炮兵主要包括运用身管火炮、火箭炮和地对地导弹的装备、物资、弹药以及人员，其作用是通过整合包括身管火炮、火箭炮和导弹以及其他火力支援资产在内的力量，同步至作战行动，来摧毁、瘫痪和压制敌方兵力。火力支援是直接对陆地、海洋和两栖及特种行动进行支援的火力，对敌方兵力、战斗编队及设施实施打击，达成战术和战役层面的目的。

野战炮兵部队必须确保将地对地火力与其他领域火力结合，进行有效的集中射击。地对地打击部队可以有效开展反空袭作战行动，打击和摧毁敌方空中和导弹武器系统、指挥和控制分队以及支援设施，减少对美国陆军、联合和多国空对地火力的威胁。

美国陆军地对地打击能力包括：

（1）火箭炮。多管火箭炮系统可以增加身管火炮的打击效果，能够在短时间内对高回报目标投射大量火力。多管火箭炮系统用来开展反火力和预先准备的攻击行动，针对敌方防空炮兵、轻型物资和人员等目标实施打击。全天候多管火箭炮系统包括不受控飞行和制导火箭炮及导弹。自由飞行和制导火箭炮弹药包括高爆弹和两用改进型常规弹药。自由飞行和制导火箭炮的最大射程为 26 千米，而增程后可以达到 45 千米。制导多管火箭炮系统可以实现精确打击和远程射击（射程达 70 千米），减少了达成预期效果的目标火箭炮数量。M270 式 A1 多管火箭炮系统可携带 12 枚火箭弹，M142 式高机动火箭炮系统（"海马斯"火箭炮）可携带 6 枚。它们投射炮弹的高度极高（导弹弹道顶点/最大弹道高），需要与空中计划军官和联络官仔细协调，确保发射和降落不在己方附近区域。

（2）导弹。陆军战术导弹系统可以提供远程地对地火力支援。该系统从多管火箭炮系统（2 枚导弹）或高机动性火箭炮系统（1 枚导弹）发射，该系统可发射杀伤/毁物子母弹或高爆弹。战术导弹系统保留火箭炮快速反应的能力，其射程更远（达 300 千米）。杀伤（毁物）子母弹针对软目标，高爆弹针对固定设施，且附带损伤。系统具备高精确度、全天候以及远程射击和快速反应等特点，可以有效打击动态目标。基于该系统打击的射程和高度，在目标攻击时需要详细的空域协调和整合计划。

（3）身管火炮。身管火炮通常是在作战地域内最易获得的火力支援系统，能够开展反火力、遮断和压制敌防空力量等行动，具备快速反应、随时可获取、全方位覆盖等特点，可以执行作战地域内火力打击和精确火力打击。

（4）迫击炮。陆军的机动编队内有成建制的迫击炮排和分队，其主要任务是执行即时、快速和间瞄火力射击，以支援机动连或营作战行动。迫击炮的高机动性使其不但可以适应近距离机动支援，还可以用作最后防护火力、遮蔽以及照明。美军迫击炮弹药包括 120 毫米的精确弹药，其他国家迫击炮部队还有不同口径的精确制导弹药。机动部队指挥官决定如何及何时将迫击炮作为关键火力支援资产，有效整合至作战行动中。

野战炮兵身管火炮、火箭炮和导弹系统成建制、隶属、配属至旅战斗队的野战炮兵营、师炮兵以及野战炮兵旅或对其进行战术控制，在全天候和所有地形条件下进行不间断火力打击。野战炮兵部队可以快速转换和集中火力，并及时变更战斗阵地，持续提供火力支援。

地对地火力不间断投射，并与其他火力打击方式共同发挥作用。所有火力通过目标工作、火力支援计划和部队空域计划与军事决策过程结合。地对地火力还可与其他空域用户协调，达成集火射击的效果。

对地面火力的有效整合是作战成功的关键因素之一。指挥官负责在作战地域内整合火力，火力支援协调官、火力主任和火力支援官提供相关建议，指挥官结合所提建议对间瞄火力和火力支援资产进行科学的分配和运用。火力主任是军以上指挥官的高级火力参谋人员，对火力资源的最佳运用提出意见，并输入必要的命令。

指挥官在计划阶段将火力支援纳入作战构想中。指挥官在作战过程中与火力支援人员和任务编组统筹陆军火力、联合火力、多国火力、跨机构火力。指挥官有效把控运用他们的地点和时机，对进攻和防御行动至关重要。此外，非杀伤性效果对于决定性行动同等重要，不论由哪个分队实施开展。达成想要的打击效果，完成预期任务，是每一名指挥官的作战目的。

A.2 空对地火力

陆军和联合部队运用多种类型的空对地火力，包括固定翼飞机、旋翼飞机和无人机系统，进行杀伤性和非杀伤性打击，投射防区外武器，开展用以侦察目标并实现整合打击效果的目标获取工作。

（1）固定翼飞机。固定翼飞机具有灵活度高、射程远、速度快、杀伤性强以及精度高的优点，可以实现定点、定时集火射击，其精确制导弹药可以有效避免附带损伤，并打击难以接近的目标。固定翼飞机还可以进行监视和战斗评估。

（2）旋翼飞机。旋翼飞机携带武器类型多样，可为其他武器平台实施打击、侦察和末端制导。陆军航空兵主要执行两类攻击任务：与其他机动部队近距离配合以打击敌人；无其他机动部队支援下单独实施打击。

（3）无人机系统。无人机系统续航时间长，可以支援"情监侦"工作以及不同类型的作战任务。无人机系统可以支援近距离作战、空中遮断以及其他联合火力任务，具体的任务类型可能包括：目标获取和标记、末端制导引导、精准协调基于全球定位系统的弹药、投射精确制导武器、战损评估、信号情报收集、通信数据维护以及在射击-观察-射击任务中实施再定位工作。除了无人操纵的属性不同外（比如不能分辨和避免空中交通堵塞问题），无人机系统应与运用固定翼和旋翼的飞机方式类似，遵从请求、分配、追踪、控制和消除冲突的流程。

空中部队资产具备速度快、射程远、精度高等优点，供指挥官灵活运用。通过打击敌方军事目标，诸如野外地面部队、指挥和控制系统、重要物流枢纽或支援设施等，可以干扰其决策点、打击部队能力和削弱攻击能力，从而瘫痪其武器系统，使敌方无法进行有效的防御。对空对地打击能力的有效整合，所产生的协同效应比单一作战叠加效果显著。地面组成部队指挥官具有作战地域内支援火力的最终使用权限。空中作战行动并不只使用某一架飞机，每种武器系统都有其自身特性，具体情况需要基于敌方的本质属性、待攻击目标、预期打击效果以及战场环境确定。在敌后方纵深截击的资产也适用近距离作战。战斗机、轰炸机以及远程操控飞机/无人机系统均属于联合空中作战资产，被支援指挥官可用它们实现打击效果。

有两类比较典型的空中作战行动可与地面机动方案结合，截击敌地面部队，发挥最佳打击效果：

（1）空中遮断。在敌方有能力打击己方部队或达成其他目标之前将其牵制、中断、延迟或摧毁的制空作战。空中遮断在离己方部队有一定距离的空域实施。在此距离上不要求每项制空任务都要与己方部队的火力和机动密切配合。空中部队可运用射弹、导弹、非制导弹药、精确制导弹药、电子战系统、航空器平台传感器等。提交预先计划的空中支援请求，进入联合空中任务指派流程中。空中遮断可通过一些战术、技术与程序或方法来实现，包括打击、协调和侦察以及杀伤箱作战。

（2）近距离空中支援。其通常是运用固定翼飞机或旋翼飞机打击接近己方部队的敌方目标，需要将空中任务与部队火力与机动结合。基于敌方威胁以及可获得的火力支援，在时间、空间和目的方面，通过细致不间断的整合工作将近距离空中支援行动与被支援地面部队进行有效协同。被支援指挥官建立目标优先排序清单，构想打击效果，确定火力打击时机。终端攻击控制员（联合终端攻击控制员或前沿空中控制员）获得许可与机长沟通打击目标事宜，并对攻击飞机发布武器使用许可。近距离空中支援具有灵活性强和反应快速的优点，指挥官可以通过集中火力抓住战场机会，保持战斗进攻势头，减少战役和战术风险。作战飞机机动性大且速度快，指挥官可以迅速打击敌人，达到出其不意的效果。近距离空中支援的火力发布从地面部队高级指挥官输入联合部队指挥官空中兵力分配决策开始，根据预先计划的空中支援请求，指派其支援地面部队。在联合空中任务指派流程中，计划制订人员严格遵从兵力分配决策。空中支援请求的数量受到兵力分配决策、联合部队空中组成部队对于指挥官决策理解以及预期申请数量的限制。联合部队地面组成部队指挥官之后公布具体运用近距离空中支援的决策内容，其主要是地面组成部队指挥官的相关指示，包括根据需求运用近距离空中支援资产以及空中支援作战中心如何在空中任务指令中，接收近距离空中支援任务的即时请求。例如，1AD[①]为主攻方向，具有优先权，地面组成部队高级指挥官则指示空中支援作战中心第一时间响应其资源调拨请求。决策指示仅影响支援陆军的近距离空中支援任务。

陆军运用空对地系统识别对空中支援部队的要求，处理预先计划和临机空中支援请求。预先计划的请求处理时间充裕，依据战场节奏，符合联合空中任务指派流程计划阶段要求，并在初次发布的空中任务指令中获取资源。临机请求在空中任务指令下达之后产生，必须从已方派遣至空中任务指令的资产中获取资源。

A.3　地对空火力

地对空火力指在防御地域和要点运用主动防御武器。防空炮兵精确地投射对空导弹来保护己方部队、固定和半固定资产、人口密集地和关键设施，不受敌方空中和导弹威胁。防空炮兵开展防空反导行动来支援联合防空作战，其主要作用是威慑和击溃敌方空中力量，保护己方部队、作战通道、关键资产和部署兵力，支援统一地面行动。

防空军官担任防空反导方面的专家顾问，为机动部队指挥官提供意见，

---

① 代号。

如在旅战斗队内则他是旅防空反导分队的高级防空军官。军和师的高级防空军官派遣至防空反导分队，与作战参谋共同协作，负责防空和反导的协调与整合，对指挥官关键资产清单/受保护资产清单工作进行支援。

地面部队还采取主动和消极防空措施，运用有限的防空资产抵御空中威胁。主动防空措施包括借助小型武器截击敌人，应对空中威胁。被动防空措施包括用伪装、隐蔽、欺骗等方式来避免被敌方侦察到。所有这些措施汇总则是联合兵种防空总措施。

地对空武器通常用来防御，并且在射程和高度方面有多种选择，尤其是在己方部队进入预先计划或已建立的作战空域后方时。防空炮兵部队基于射控命令、交战规则以及武器控制状态等指导原则，有效运用这些武器平台，分别在战略、战役及战术层面派遣人员，使用武器实施截击，保护部队全程不受敌方空中和导弹威胁。部队拥有防空反导的计划、协调及实施地对空火力等作战职能。从本质上看，防空炮兵部队可远征，位于前沿配置，并且在联合兵种作战中可有效运用以下武器系统，主要能力包括中高空防御和近程防空。

（1）中高空防御能力包括"爱国者"导弹系统、末端高空区域反导系统，以及AN/TPY-2前置雷达系统。"爱国者"导弹是多任务工作系统，可以为地面部队及关键资产进行防空反导。"爱国者"部队可以截击弹道导弹、巡航导弹、无人机、战术空地导弹、大口径火箭炮以及固定翼飞机和旋翼飞机等。末端高空区域反导系统是高层级系统，可以在大气层内外截击近程中空弹道导弹。AN/TPY-2前置雷达系统精确度高、射程远，为相控阵雷达，通常采用靠前配置模式，用以早期侦察弹道导弹目标，并进行精确地追踪。所有这些武器系统都属于弹道导弹防御计划中地面部分的部署力量，在联合作战地域中有效使用，保护国家和战略利益，掩护部队及其他关键资产，在必要时主动防空反导，对敌方形成威慑。

（2）近程防空包括"复仇者"导弹，"毒刺"导弹，反火箭炮、身管火炮和迫击炮（反炮兵）系统，以及警戒雷达。"复仇者"导弹是移动轻便的武器系统，用以针对敌方监视和侦察及目标获取部队，抵御低层级固定翼飞机和旋翼飞机威胁。"毒刺"导弹为红外制导，发射自动寻的导弹，其广泛运用于"复仇者"导弹的吊舱内，可部署至"毒刺"导弹分队。反火箭炮、身管火炮和迫击炮系统由传感器、截击机、指挥和控制系统组成，具备快速反应、短程截击的特性，可以在敌军击中己方地面目标前，侦察和摧毁空中发射的火箭炮、身管火炮和迫击炮，也可以进行预先警告。警戒雷达可全方位巡视，能持续提供空中监视和火力控制标准等数据，能够捕获、追踪和对巡航导弹、无人机系统及固定翼和旋翼飞机进行定位。近程防空部队通常配置在前沿地域的机动编队中，机动部队指挥官开展决定性行动。例如，旅战斗队中防空与空域管制分队人员计划和协调近程防空支援，或支援其他防空炮兵部队，传递相关的防空反导信息，并向下级机动编队预警敌方空中作战行动。通常来说，近程防空在师和旅作战地域掩护资产，"爱国者"导弹系统和末端高空区域反导系统在师、军和战区级地域发挥作用。

地对空火力能够掩护主攻部队，支援陆军，联合地对地部队、空对地部队，以及网络作战和电子攻击等其他火力和打击效果。地对空与空对地火力互相结合，能协助指挥官进入敌军纵深地域，提前查明形势，保持安全态势，进行预先警告，支援攻击作战。防空炮兵系统用提供发射点测定信息来支援攻击作战（进攻性防空作战）。

防御部队对敌方进行监视，并实施火力打击，需要确保在作战地域全方位进行守卫。地对空火力可能会遭遇多重、复杂的攻击，并存在军事先进或竞争力量，具体的攻击行动因地区而异，敌方力量可能包括协同空对地导弹、地对地武器、无人机系统、固定翼飞机和旋翼飞机等。敌方开展攻击，也会得到其他地域作战行动的支援，诸如陆地范围的干扰行动和特种作战。

所有地对空武器系统都遵循共同的交战程序来抵御空中威胁。首先通过电子或可视化方式进行空域监视，之后侦察空域目标。目标一旦被追踪，则通过电子或人工的方式进入识别阶段。若目标被认定为敌方力量，则对潜在打击目标进行评估，包括其影响点和到达时间。最后将最佳的武器与传感器有效结合，对目标进行截击，并在之后完成评估工作。

防空炮兵人员在所有层级上提供专业的知识，包括整合流程以及定位地对空资产以支援作战计划。在计划阶段，工作人员建立分层式防御，从此便快速高效地反应，实现在宽阔作战地域内保护己方部队和关键设施。地对空火力持续定位、区分及识别敌方潜在空中和导弹目标，选择合适数目和类型的拦截器予以打击。

A.4 网络空间作战和电子战

己方、敌方、对手与常驻地网络、通信系统、电脑、移动电话系统、社交媒体网站与技术设施均属于网络空间范畴。网络空间作战是对计算机网络能力的运用，其主要目的是在网络空间达成作战目的。互相关联的网络空间任务包括国防部信息网络作战、防御性网络空间作战和进攻性网络空间作战。

电子攻击指运用电磁能、定向能或反雷达武器系统，攻击敌方人员、设施和装备，旨在削弱、压制或摧毁敌战斗力，也是火力的一种形式，包括：采取行动抵御或降低敌方对电磁频谱的有效运用；运用武器，将电磁或定向能作为主要摧毁目标；实施包括反制措施在内的进攻和防御行动。

A.5 信息作战

信息作战是在军事行动期间整合运用信息相关能力，与其他作战行动配合，从而影响、干扰、瓦解和摧毁作战对手和潜在对手的决策制定过程，并保护己方部队不受干扰。

在信息作战中，参谋职能、计划和监控信息关联火力运用能力得到统筹。在冲突持续阶段，能够预判作战对手和敌方决策制定者决策，并创设条件使己方制订的决策及时有效。与信息相关的能力包括：军事欺骗、网络空间电磁活动（网络空间作战、电子战、频谱管理作战）、军事信息支援作战、特殊技术作战、太空作战、公共事务、战斗摄像、民事行动、警戒行动与官兵交涉包括当局交涉。

指挥官还可以将其他相关能力（杀伤性和非杀伤性）用以控制作战对手/敌方的决策制定者信息流，保护己方部队指挥和控制途径，具体包括：实体攻击（包括杀伤性火力和机动）、兵力驻留、态势保持与兵力展示、通信同步、网络安全、对外发布、实际安全保卫、特别接触项目、军民行动与情报。

附录 B 野战炮兵支援关系

就野战炮兵身管火炮、火箭炮和导弹系统来讲，他们可在野战炮兵旅、师炮兵和旅战斗队建制内隶属、配属或在其作战控制下，为指挥官提供全天候和各种地形条件下持续可用、可调整和可定制的火力打击。这些组织机构可以进行机动性的任务编组，为规定情况提供正确的综合间瞄火力。隶属，是指被指派到陆军、空军、海军陆战队和海军作战部队编制表中所列的军事组织，并构成其基本组成部分。隶属是指将部队或人员配置在一个相对固定的组织机构中，或该组织可控制和管理该部队或人员的主要职能或大部分职能。配属是指部队或人员临时配置在一个组织机构中。

指挥关系用于陆军兵力生成、部队临时编组和任务编组，规定了单位指挥官之间的上下级关系，为确保作战行动中的统一指挥和行动一致奠定了基础。基于指挥关系，指定指挥链达成统一行动，指挥官们便能够以最大程度地灵活运用下级部队。陆军指挥关系确定了接收方指挥官的控制程度。指挥关系的类型通常与相关指挥部之间关系的预期时间长度有关，并可以快速确定支援与被支援程序。作战控制是对下级部队行使的指挥权，包括为完成任务而对所属司令部和部队进行编组和使用、分配任务、指定目标以及给予必要的权威指导。战术控制是一种部队指挥权，只限于在作战区域内对完成指定任务所必需的运动或机动进行具体指导与控制。

B.1 野战炮兵支援关系

直接支援、加强、全般支援-加强和全般支援过去为野战炮兵战术任务，现在称为支援关系，由陆军其他部门基于任务编组部队，如表 B-1 所示。

陆军支援关系不是一种指挥权限，它比联合支援关系更具体。当一个单位不适合从属于另一个单位时，指挥官可以建立支援关系。指挥官可在下列时机指派支援关系：由具备技术和战术专长的指挥官控制支援部队，而不是被支援指挥官控制时，则支援更有效；支援部队的层级与被支援部队的层级相同或者高于被支援部队；支援部队同时支援多个单位。部队野战炮兵指挥部可以为下级野战炮兵营明确支援关系。

表 B–1　野战炮兵在陆军支援关系中的固有职责

陆军支援关系	按以下顺序优先回应火力召唤	火力打击地带区分	火力支援小组	提供联络官	通信对象	配置单位	火力计划单位
直接支援	1. 被支援部队 2. 本级观测员 3. 野战炮兵指挥部②	被支援部队的作战地域	根据需要提供有限的伤亡损失代表	没有要求	被支援指挥部以及按要求包括火力支援官	被支援部队或部队野战炮兵指挥部	被支援部队或部队野战炮兵指挥部
加强	1. 加强的野战炮兵 2. 本级观测员 3. 野战炮兵指挥部②	被加强野战炮兵雷达火力呼唤区	没有要求	派到被加强的野战炮兵部队或根据要求	被加强的野战炮兵部队或根据要求	被加强的野战炮兵指挥部	被加强的野战炮兵指挥部
全般支援–加强	1. 被支援部队 2. 野战炮兵指挥部② 3. 被加强的单位 4. 本级观测员	被支援部队的作战地域，包括被加强野战炮兵单位的火力打击	没有要求	派到被加强的野战炮兵单位或根据要求	被加强的野战炮兵单位或根据要求	1. 支援部队 2. 部队野战炮兵指挥部②	1. 支援部队 2. 部队野战炮兵指挥部②
全般支援	1. 被支援部队 2. 野战炮兵指挥部② 3. 本级观测员	被支援部队的作战地域	没有要求	没有要求	没有要求	1. 支援部队 2. 部队野战炮兵指挥部②	1. 支援部队 2. 部队野战炮兵指挥部②

注：① 包括所有与被支援部队没有一起部署的目标捕获手段。在北约用语中，接收单位不会进行任务编组。
　　② 如果得到支援指挥官的指定。

在大规模作战行动中，军或师高级战术部队指挥官负责作战地域全纵深的反火力打击。军或师指挥官可以将反火力指挥部的任务指派给野战炮兵旅、师炮兵或独立的野战炮兵营。必须为反火力指挥分配必要的资产，以实施反火力战斗。在大规模作战行动中，一个军应分配两个野战炮兵旅，一个作为反火力指挥部，另一个作为部队野战炮兵指挥部。反火力指挥部要与上级指挥部的情报助理参谋长协调传感器任务分工授权和其他的情报能力，积极主动地将所有可用资产整合到反火力战斗中。

反火力指挥部的职责包括：计划和协调传感器管理；对敌人的间瞄火力系统进行模式分析；建立反火力关心的目标地域；基于非模式分析，进行炮位雷达区管理，以支援反火力战斗；建议配置反火力发射系统；制订火力的目标捕获卡；建议有利于许可性火力打击的反火力打击方法；参与联合目标工作周期。

使用"阿法兹"火器炮系统和联合自动化纵深作战协调系统建立反火力任务数字式和语音程序及通信架构。

直接支援是一种支援关系，要求一支部队支援另一支特定部队，并授权其直接响应被支援部队的援助请求。直接支援机动单位的野战炮兵部队主要与该机动部队的火力支援需求有关。被支援机动单位的火力支援分队负责计划和协调火力，以支持机动部队指挥官的意图。例如：担负直接支援的部队指挥官要提出调动间隙的配置区域和坐标，支持机动部队指挥官的作战构想。当野战炮兵各单位能够习惯性地支援相同的机动部队时，协调和训练就会得到加强。直接支援是最分散的支援关系。

加强是一种支援关系，需要一支部队支援另一支正在提供支援的部队火力。只有类似的部队（例如炮兵对炮兵）才能获得加强支援关系。例如：当一个建制的或直接支援的野战炮兵营需要更多火力以满足机动部队要求时，可以指示另一个野战炮兵营对其进行加强。一个建制内的或直接支援野战炮兵营最多可以得到2个加强营的支援。指定提供加强支援的野战炮兵部队保留其与原上级部队的指挥关系，但由被加强野战炮兵部队进行配置，并由该部队或原上级部队确定其支援优先级。

全般支援-加强是指派给一个单位的一种支援关系，以支援整个部队，并加强另一个相似类型的单位。指派有全般支援-加强支援关系的野战炮兵单位的首要任务是为整个机动部队提供炮兵火力；全般支援-加强支援关系优先任务是加强另一个野战炮兵单位的火力。全般支援-加强单位仍受被支援机动部队指挥官或其部队野战炮兵指挥部的控制。全般支援-加强支援关系可以为指挥官提供满足各种战术使命任务要求的灵活性。

全般支援是指为整个被支援部队提供的支援，而不是其任何特定的组成部分。被指派直接支援任务的野战炮兵部队的所有火力都在被支援指挥官或其指定的部队野战炮兵指挥部的直接控制下。例如：在陆军支援关系中，全般支援提供最高程度的集中火力控制。全般支援可以为指挥官提供灵活性，以促进正在进行的行动。

B.2 野战炮兵支援计划示例[①]

机动部队指挥官制订综合作战计划或作战命令，整合火力支援计划。机动火力支援的计划制订是一项复杂的任务，需要机动部队指挥官和火力支援协调员之间的持续协作，以确保达成指挥官意图。

火力支援计划通常由作战计划或作战命令中的火力段落和火力附件（如需使用）组成，由火力支援计划组负责制订，是作战计划或作战命令的一个组成部分。计划的准备和执行还包含技术和战术演习，以确保计划合理性。相关联络代表编写各自负责的计划内容。火力支援计划员亦须确保火力支援计划充分体现指挥官的指导，确保野战炮兵自动数据处理系统可获得足够多的信息。

火力支援计划的基本要素包括但不限于以下内容：通过识别各任务的内容、目的和效果，清晰简洁地阐明火力支援任务；分配所有火力支援资产；根据战术突发情况对火力资产分配的预测变更；协调和同步指令，及时侦察并攻击高回报目标；资产定位要求，基本携行量构成，受控供给率；弹药消耗限制、火力类型、使用地域和障碍制造；建立和更改任何火力支援协调措施；用于支援行动的火力计划。

火力支援是一个连续的过程，火力支援计划要想成功，必须灵活简便。火力支援计划会预测战场的动态变化，并足够灵活以适应变化。作战计划或

[①] 野战炮兵支援计划示例通常作为野战炮兵支援作战计划或作战命令的火力附件使用。

作战命令包含火力计划其中提及的所需信息，可用以了解如何使用火力支援来确保顺利行动。火力计划各部分内容应该为各种类型的火力计划设立子条目。相关火力支援联络代表编写各自的内容。火力支援计划员可将这些子条目整合成一份综合的火力支援计划。如果综合火力支援计划包含目标清单，则该清单只包含指挥官认为对行动至关重要的目标，火力支援计划组则须确保综合火力支援计划充分体现师指挥官的意图，以确保野战炮兵自动数据处理系统可获得足够多的信息。

如果行动需要冗长或详细的计划，可以单独编制作战计划或作战命令的火力附件，对作战命令中的指令作出详述。根据需要，为各类型的火力支援（通常为空中支援、野战炮兵支援和海军水面火力支援）制订具体计划，详细描述火力支援计划。火力支援计划可包含计划产品，例如观察表格、火力支援执行表格、雷达部署命令或执行表格，或目标侦察附录。野战炮兵支援计划遵循作战计划或作战命令五段式的格式，同时参考了作战计划或作战命令及其火力附件。野战炮兵支援计划会重申关键信息，目的是确保所有支援指挥官和参谋都能知悉相关内容。

1. 计划抬头：

【编号】【代号】-【发布指挥机关】【标题密级】

2. 总述

（1）（非保密）己方部队。概述上级指挥部的火力打击计划；列出支援或影响发布指挥机关或需要协调额外支援的上级、友邻和其他火力打击部队和资产的番号、位置，并概述其计划。

（2）（非保密）机构间、政府间和非政府组织。确定并描述作战地域内可能影响火力打击实施或实施特定火力打击的装备和战术的其他组织；根据需要参考机构之间的协调附件。

（3）（非保密）民事因素。描述影响火力打击的民事因素；根据需要，参考情报附件和民事行动附录。

（4）（非保密）配属和独立分队。列出上级指挥部配属的、作战控制下的火力打击资源，或者其他指挥机关派出的、作战控制下的任何单位；根据需要参考任务编组附录。

（5）（非保密）情况假设。列出可以支持编制附件的任何具体情况假设。

3. （非保密）任务

说明支持基本计划或命令的火力打击任务。

4. （非保密）实施

（1）（非保密）火力打击方案。描述火力如何支持指挥官的作战意图和作战构想。为作战行动的每个阶段确定各单位的火力打击优先级。火力打击方案必须简洁但足够具体，明确说明在作战行动中要完成的火力打击任务。火力打击方案必须回答何人、何事、何时、何地和为何要提供火力，必须足够灵活，以便让下级指挥官通过必要的程序和主动控制，尽可能确定如何具体实施。火力打击方案可能包括对整个作战的概括说明，其中应说明火力支援的具体任务和目的、力量分配、火力支援力量观察员的配置指示，以及包括整个效果延伸范围（杀伤性到非杀伤性效果）的攻击指导。为作战的每个阶段添加涉及火力支援任务的子条目，可以矩阵形式来说明具体任务、目的、实施和评估。

（2）（非保密）作战构想。该部分结构与火力打击方案中的火力打击段落相同，也就是说，它保留了相同的阶段。从火力打击方案段落说明该阶段的目的，然后说明野战炮兵旅将如何支持该阶段。说明野战炮兵旅将如何自始至终支持该行动。

（3）（非保密）战斗编组。为正确的战斗编组提供指导，内容包括单位番号、命名、指挥和支援关系以及战术任务。

（4）（非保密）火力打击优先级。说明应用于被支援司令部的火力打击优先级。这可以在火力打击方案附件或火力支援实施矩阵中找到。

（5）下级单位的任务。列出分配给基本命令中未包含的特定下级单位的任务。

（6）（非保密）协同指示。仅列出适用于基本计划或命令中未涵盖的两个或多个下级单位的指示。向下级和友邻单位提供以下信息以协调火力：

① 如果基本计划中没有规定，则明确规定作战地域的分界线。如果该地域为分阶段作战，则可分阶段确定。

② 目标工作产品。

③ 火力支援协调措施。

④ 如果需要，执行与攻击开始时间相关的火力打击实施计划时间（反火

力、火力准备或联合对敌防空压制）。

⑤ 针对火力打击的交战规则。

5. （非保密）保障

确定关键火力打击任务的保障优先级，并根据需要指定额外的保障指示。描述可能在战斗之前、期间和之后发生的关键或异常保障行动，以支持指挥官的火力打击方案。

（1）（非保密）后勤。使用子段落确定火力打击后勤支援的优先级和具体指示。

（2）（非保密）人事。使用子段落确定人力资源支持、财务管理、法律支持和宗教保障的优先级和具体指示。

（3）（非保密）卫生系统支援。确定地面和空中医疗后送要求，以及医疗护理的可用性、优先级和说明。

6. （非保密）指挥和通信

（1）（非保密）指挥。说明指挥官和主要火力打击领导者的位置。如果本单位的标准作业程序中未涉及，则说明指挥顺序。说明基地命令中未涵盖的火力打击联络要求。

（2）（非保密）控制。描述针对火力打击的指挥所，包括每个指挥所的位置及其开设和关闭的时间。列出标准作业程序中未涵盖的火力打击具体报告。

（3）（非保密）通信。说明任何具体的通信要求。确定当前的标准作业程序版本。

7. 署名

［指挥官姓名］

［指挥官军衔］

附录 C　野战炮兵旅

美国陆军的野战炮兵旅在编制上是与防空炮兵旅同级的旅级战斗队。经过大规模军改之后，美国陆军裁撤了不少野战炮兵旅，另外一些炮兵旅也开始转隶师级作战部队。美国陆军现役部队目前共编有 5 个独立野战炮兵旅。

其中，第 41 炮兵旅隶属美军欧洲陆军司令部/第 7 集团军；第 210 炮兵旅隶属于驻韩美军第 8 集团军；第 17、第 75、第 18 炮兵旅分别隶属于第 1 军、第 3 军、第 18 空降军。另有 8 个野战炮兵旅，隶属美国陆军国民警卫队。

野战炮兵旅的主要装备为 M119 式 A3 105 毫米轻型牵引榴弹炮、M777 式 A2 155 毫米牵引榴弹炮、M109 式 A7 "帕拉丁" 155 毫米自行榴弹炮、M142 "海马斯" 高机动火箭炮和 M270 式 A1 履带式多管火箭炮。

C.1　第 17 野战炮兵旅

第 17 野战炮兵旅，又称"雷霆旅"，隶属美国陆军第 1 集团军，驻地为美国华盛顿刘易斯·麦科德联合基地。该旅下辖第 3 野战炮兵团第 1 营、第 94 野战炮兵团第 1 营、第 308 旅支援营、第 256 通信连。该旅所列装的火炮皆为"海马斯"火箭炮，因此又称为美国陆军最强的"海马斯"旅。

第 17 野战炮兵旅担负部队野战炮兵指挥部的任务，也是陆军多域特遣部队的试验部队，使命是支援美国第 1 军。2019 年"雷霆旅"官兵完成了几次漂亮的训练任务，如在印太司令部作战地域的联合训练演习。同年 4 月，该旅作为多域特遣部队指挥部参加了联合作战人员评估。在美国陆军未来司令部的指导下，此次演习检验了多域特遣部队试验部队的能力，并将"海马斯"纳入规划工作，以期深入发展多域概念。

该旅接待了营外部评估活动。在评估活动中，第 75 野战炮兵旅就后勤、维护、通信和全面的射击流程对该旅下辖各营进行评估，确保在呼唤支援紧急行动时能够随时展开部署。

该旅派遣出远征打击包，参加"护身军刀-2019"军演。此次演习中，"海马斯"火箭炮部队与澳大利亚陆军和第三海军陆战队远征兵首次进行联合多国实弹射击。该旅 9 月与美国驻日本陆军、日本陆上自卫队西部陆军一起参加"东方盾牌"双边演习。该旅执行了多国射击任务，进一步发展践行了双边多域和跨域概念。通过加强军队之间的关系，互操作性在"东方盾牌"演习中得到了高水平的锻炼。与此同时，该旅在菲律宾方向部署远征打击包，支援"雷神之锤"演习，任务突出了第 17 旅在印太司令部作战地域快速部署其下辖部队的能力。

12 月，该旅将一个分队的官兵部署在日本，支援"山鹰-77"演习，与日本陆上自卫队共同训练，并在支援第1军的行动中承担部队野战炮兵指挥机构的任务。"雷霆旅"负责指挥向第1军提供的火力支援和造势行动。"战士演习-2003"在美国华盛顿州刘易斯-麦科德联合基地任务指挥训练综合体进行，该旅的能力在此得到了验证。通过此次演习，"雷霆旅"实现了所有的训练目标，证明其有能力承担第1军部队野战炮兵指挥机构的任务。该旅始终维持其战备状态，在印太地区完成支援任务。

C.2 第18野战炮兵旅

第18野战炮兵旅号称"钢铁旅"，隶属美国陆军第18空降军（又称"美国应急军"，是该旅的上级指挥机构，可在世界各地快速部署），是美国的应急远程精确火力组织，担负第18空降军部队野战炮兵指挥机构的任务。该旅的主要任务是为该军的4个空降师及特种作战部队提供远程野战炮兵火力支援，是美国级别最高的应急野战炮兵旅。美国海外利益受到威胁之时，该旅随时做好部署准备，以实现战略目标。在美国国内，"钢铁旅"时常展开训练与人员装备，以便在与对手首次接触之前获得先手之优势，实现"练为战，战必赢"的目标。

该旅下辖第321野战炮兵团第3营、第27野战炮兵团第3营，每个营下辖3个炮兵连，每个炮兵连配属9门"海马斯"火箭炮，另外还有第188旅支援营和第206通信连。

旅制订计划、同步、运用联合与合成火力，在多域环境中支援军级大规模作战行动；随时待命，整合编配的地面与空中机动部队展开联合强行进入行动；为特种作战部队、作战指挥官，以及国家指挥中心提供战略能力。作为美国首支应急野战炮兵旅，该旅坚持对联合、跨机构、跨国家、多国的支援需求作出响应。如此一来，志向远大的领导们会抓住独有的机遇来支援解决国家安全问题。

C.3 第41野战炮兵旅

第41野战炮兵旅，号称"电磁炮旅"，隶属美国陆军第5集团军，支援第7陆军训练司令部（美国驻欧洲陆军）。该旅没有装配"海马斯"火箭炮，主要装备为M270式A1多管火箭炮，下辖第6野战炮兵团第1营、第77野战炮兵团第1营、第589旅支援营。

2019年6月~2020年6月，一年间该旅规模扩大了一倍，并组建了自己的第一支多管火箭炮营，隶属野战炮兵6团。该旅各连完成了实弹射击资格认证，并展示了连级部队的远程精确火力打击能力。在欧洲战区，该旅有能力部署其人员与装备，来支援其盟友与合作伙伴。

2020年春季，第二支多管火箭炮营和第77野战炮兵团第1营相关人员和领导为其8月投入使用创造了条件。该旅牵头建设特遣部队装甲兵营，负责保护1万名官兵、民众和家庭成员免遭全球疫情威胁。同时，该旅举办各种有效的防护活动，坚持在德国格拉芬沃尔训练区展开安全训练。

该旅逐步加强了与欧洲联合部队、盟友、合作伙伴的联系，并在火力单位建立联系。在国际火力作战论坛上，来自欧洲的炮兵人士齐聚一起，讨论欧洲战区大规模作战行动中互操作性所面临的各种火力挑战与机遇。美国陆军驻欧洲从传感器到射击器发起的大学习活动证明了该旅外部资产有能力将目标数据传输给旅的各类发射器，提高了对远程火力的运用。"电磁炮旅"在2021年重新建立相关组织，目的是使美国远程火力重返欧洲。

C.4 第75野战炮兵旅

第75野战炮兵旅，号称"钻石旅"，隶属于美国陆军第3装甲军，驻地为俄克拉荷马州的希尔堡，是美国陆军目前最大的野战炮兵旅。该旅共下辖5个炮兵营和1个旅支援营，属于M270式A1履带式155毫米火箭炮和M142式"海马斯"火箭炮的混装合成旅。第4野战炮兵团第2营、第13野战炮兵团第3营和第18野战炮兵团第2营，3个营装备M270式A1多管火箭炮；第14野战炮兵团第1营、第18野战炮兵团第2营，两个营装备M142式"海马斯"高机动火箭炮。

该旅是美国陆军杀伤力最强的野战炮兵部队，持续在全球范围内投送兵力、运用火力，同时在驻地展开力度较大的训练活动，在大规模作战行动中维持应有的战斗力，以实现打赢的作战目标。

该旅利用实战化、虚拟化和人工化的训练环境多次组织旅级多个部队的指挥部演习和野战演习，并在旅级部队展开维持行动，通过训练提升技能。部署在中央司令部的该旅旅部担负着部队野战炮兵指挥部的任务，在向中央司令部提供远程精确火力支援的同时，实施分布式任务指挥。该旅一直向美国第8集团军调配训练有素、备战充分的多管火箭炮营。第75野战炮兵旅坚持坚硬如"钻石"的本色，坚信可在任何时候、任何地方应对任何对手。

C.5 第210野战炮兵旅

第210野战炮兵旅号称"雷鸣旅"，隶属美国第8集团军，驻地为韩国凯西军营，主要装备为M270式A1多管火箭炮。该旅下辖第37野战炮兵团第6营、第38野战炮兵团第1营、第70旅支援营、第75野战炮兵旅轮值多管火箭炮营。

"雷鸣旅"的口号是"今晚准备作战"，支援韩国-美国多国合成师，即第2步兵师。第210野战炮兵旅的人员由美韩两国共同派出，根据作战计划执行训练滑翔道路的任务，因此该旅在支援韩国-美国盟军的同时，结合反火力需求进行了训练。该旅曾经参加过"战争之路"合成指挥所训练演习、第2步兵师指挥所演习以及师官兵演习，始终坚持基本工作方向——备战打仗、维持部队、关爱所有同仁、维护盟友关系、保障协同指挥。

附录D 词汇表

D.1 缩略语

表D.1 缩略语中英对照表

英文缩写	英文全称	中文
A2	anti-access	反介入
ACM	airspace coordinating measures	空域协调措施
AD	area denial	区域拒止
ADA	air defense artillery	防空炮兵
ADAM/BAE	air defenseairspace management/ brigade aviation element	防空空域管理/旅航空兵分队
ADP	Army doctrine publication	陆军条令出版物
ADRP	Army doctrine reference publication	陆军条令参考出版物
AFATDS	advanced field artillery tactical data system	高级野战炮兵战术数据系统（"阿法兹"系统）

续表

英文缩写	英文全称	中文
AI	air interdiction	空中遮断
AHS	army health system	陆军卫生系统
AO	area of operations	作战地域
AMD	air and missile defense	防空和导弹防御（防空反导）
ASR	air support request	空中支援请求
ATACMS	army tactical missile system	陆军战术导弹系统
ATP	*Army techniques publication*	陆军技术出版物
BCT	brigade combat team	旅战斗队
BN	battalion	营
BSB	brigade support battalion	旅支援营
C2	command and control	指挥与控制
CAS	close air support	近距离空中支援
CBRN	chemical, biological, radiological, and nuclear	化生放核
CJCSI	*Chairman of the joint chiefs of staff instruction*	参联会主席指令
COA	course of action	行动方案
CP	command post	指挥所
CSR	controlled supply rate	受控补给率
D3A	decide, detect, deliver, and assess	决策、侦察、打击、评估
DA	department of the army	陆军部
DAL	defended asset list	受保护资产清单
DIVARTY	division artillery	师炮兵
DS	direct support	直接支援
EW	electromagneticwarfare/electronic warfare	电磁战/电子战
FA	field artillery	野战炮兵
FAB	field artillery brigade	野战炮兵旅
FFAHQ	force field artillery headquarters	部队野战炮兵指挥部
FM	field manual	野战手册

附录

续表

英文缩写	英文全称	中文
FS	fire support	火力支援
FSC	forward support company	前进支援连
FSCOORD	fire supportcoordinator	火力支援协调员
FSCM	fire support coordination measure	火力支援协调措施
FSE	fire support element	火力支援分队
FSO	fire support officer	火力支援官
G-1	assistant chief of staff, personnel	人事助理参谋长
G-2	assistant chief of staff, intelligence	情报助理参谋长
G-3	assistant chiefof staff, operations	作战助理参谋长
G-6	assistant chief of staff, signal	通信助理参谋长
GPS	global positioning system	全球定位系统
GS	general support	全般支援
GSR	general support-reinforcing	全般支援-加强
HHB	headquarters and headquarters battery	旅部和旅部连
HIMARS	high mobilityartillery rocket system	高机动性炮兵火箭炮系统（"海马斯"火箭炮）
HPT	high-payoff target	高回报目标
HQ	headquarters	指挥部
HSC	headquarters and service company	营部和勤务连
IO	information operations	信息作战
JAGIC	joint air ground integration center	联合空对地一体化中心
JFC	joint force commander	联合部队指挥官
JFLCC	joint force land component commander	联合部队地面组成部队指挥官
JTF	joint task force	联合特遣部队
LCC	land component commander	地面组成部队指挥官
MDMP	military decision-making process	军事决策过程

续表

英文缩写	英文全称	中文
METT-TC	mission, enemy, terrain and weather, troops and support available, time available, civil considerations	任务、敌情、地形和天气、可用兵力和支援、可用时间、民事考虑因素（任务变量）
MLRS	multiple launch rocket system	多管火箭炮系统
MOE	measure of effectiveness	效能指标
MOP	measure of performance	性能指标
NAI	named area of interest	具名关心地域
NAVWAR	navigation warfare	导航战
OE	operational environment	作战环境
OPCON	operational control	作战控制
OPLAN	operation plan	作战计划
OPORD	operation order	作战命令
PNT	positioning, navigation, and timing	定位、导航和授时
ROE	rules of engagement	交战规则
RSR	required supplyrate	所需补给率
S-1	battalion or brigade personnel staff officer	营或旅人事参谋
S-2	battalion or brigade intelligence staff officer	营或旅情报参谋
S-3	battalion or brigade operations staff officer	营或旅作战参谋
S-4	battalion or brigade logistics staff officer	营或旅后勤参谋
S-6	battalion or brigade signal staff officer	营或旅通信参谋
SEAD	suppression of enemy air defenses	对敌防空压制
SHORAD	short-range air defense	近程防空
SOP	standard operating procedure	标准作业程序
SPO	support operations officer	维护行动军官
TA	target acquisition	目标捕获（目标侦察）
TAC	tactical command post	战术指挥所
TAI	target area of interest	目标关心地域
TAP	target acquisition platoon (unit airspace plan)	目标侦察排（部队空域计划）

附录

续表

英文缩写	英文全称	中文
TC	training circular	训练通报
UAS	unmanned aircraft system	无人机系统
UMT	unit misitry team	部队牧师组
WLR	weapons locating radar	炮位雷达
XO	executive officer	执行官

D.2 术语

表 D.2 术语

英文	中文	释义
adversary	对手	对手是认定对己方有潜在敌意并设想对其使用武力的一方
airspace control	空域控制	空域控制是指通过促进空域的安全、效率和灵活性来提升作战效能的过程
air domain	空中领域/领空	领空是从地球表面一直延伸到无法影响军事行动的大气层的高度
air interdiction	空中遮断	空中遮断是一种空中作战行动，用以在敌方地面军事作战能力能够有效地对付己方部队之前，对其进行牵制、扰乱、迟滞或摧毁，或通过别的方法在远离己方部队的地方达成此类目标。该行动不需要就每次空中作战任务与己方部队的火力和行动进行具体协调
area of operations	作战地域	作战地域是由指挥官为地面和海上部队制定的作战区域，该地域应该具有足够的幅员，以便部队完成任务、防护己方力量
assessment	评估	评估是一个持续过程，用以估计军事行动过程中使用联合部队作战能力的整体效率，也是针对完成任务、产生效果或达成目标情况，做出判断决策的过程
assign	编入（建制）	编入（建制）指将单位或人员安排在一个组织中，其安排相对固定，或由该组织对其中的单位和人员的主要职能和大部分职能进行控制和管理
attach	配属	配属是将单位或人员配置在一个组织或机构内，这种安排相对而言是暂时的
attack	攻击	攻击是一种进攻行动，旨在消灭或击败敌军，夺占并扼守地形，或两者兼而有之

183

续表

英文	中文	释义
brigade support area	旅保障地域	旅保障地域指维持保障分队为旅提供保障的一个指定地域
chief of fires	火力主任	火力主任负责为指挥官提供火力支援资源运用，拟制必要指令的建议并为制订和完成火力支援计划提供咨询的师级以上高级火力官
clearance of fires	火力核准	火力核准是一个工作过程，其中被支援指挥官确保火力打击或其火力效果不会对己方部队或机动方案造成意外后果
close area	前沿地域	前沿地域是大部分下级机动部队执行近距离作战，受指挥官管控的作战地域
combat load	战斗负载	战斗负载是由负责遂行任务的指挥官确定的、官兵在紧前战斗行动中达成作战和生存目的所需的任务必需最少装备和补给
command group	指挥组	指挥组由指挥官和选定的参谋人员组成，他们协助指挥官控制远离指挥所的作战行动
command post	指挥所	指挥所是指挥官和参谋开展活动的部队指挥机关
command post cell	指挥所单元	指挥所单元是按照作战职能或计划工作周期对人员和设备进行编组，以便于执行任务指挥
consolidate gains	扩张战果	扩张战果行动是延续短暂性胜利并为稳定环境创设条件，促进控制权有效移交至合法机构的一系列活动
control measure	管制措施	管制措施是规范部队或作战职能的手段
counterfire	反火力	反火力指用来摧毁或瘫痪敌人武器的火力，包括反炮兵和反迫击炮火力在内
critical asset list	关键资产清单	关键资产清单是被定义为优先资产或地域清单，通常在作战阶段确定，并由联合部队指挥官批准，相关的资产应免受空中和导弹威胁
cross-domain fires	跨域火力	跨域火力是在某一特定领域实施火力，对另一领域产生效果
cyberspace	网络空间	网络空间是一种信息环境内的全球领域，由相互依存的各种信息技术基础设施网络和驻留数据组成，包括己方、敌方、对手与常驻地互联网、通信系统、电脑、移动电话系统、社交媒体网站与技术设施等和嵌入信息的处理和控制人员
deep area	纵深地域	纵深地域是指挥官为近距离作战获取胜利打牢基础的作战地域
defended asset list	受保护资产清单	受保护资产清单是需要用可用资源进行保护的那些资产清单，该清单由联合部队指挥官从关键资产清单中按优先顺序进行确定

附录

续表

英文	中文	释义
defensive operation	防御作战	防御作战是指击败敌人攻击、赢得时间、节约兵力并为进攻或稳定行动创造有利条件的作战
direct support	直接支援	直接支援是一种任务，亦是一种支援关系。根据要求，某一部队支援另一特定部队。经授权后，该部队直接按被支援部队的支援申请行动
early-entry command post	早期进入指挥所	早期进入指挥所是指挥机构的先头要素，旨在控制作战行动，直到该指挥机构的其余部分部署到位并投入作战行动
electromagnetic warfare	电磁战	电磁战指使用电磁能和定向能来控制电磁频谱或攻击敌人的军事行动
enemy	敌人	敌人是确认为敌对并获准对其使用武力的一方
execution	实施	实施是运用战斗力完成任务，并根据态势变化对作战行动做出调整，从而将计划付诸行动的行为活动
field artillery	野战炮兵	野战炮兵是使用火炮、火箭炮和地对地导弹所涉及的装备、物资、弹药和人员的总称
field maintenance	野战维修	野战维修是指系统内的维修、修理，回到用户，包括由操作员和驾乘人员执行的维护操作
fire support	火力支援	火力支援是直接对陆地、海洋和两栖及特种行动进行支援的火力，对敌兵力、战斗队形及设施实施打击，达成战术和战役层面的目的。（联合出版物） 火力支援是快速持续融合面对面间瞄火力、目标侦察、武装飞机和其他杀伤性和非杀伤性攻击/投送系统等力量，在全域范围内对目标实施，从而支援实现机动部队指挥官作战构想。（野战手册）
fire support coordinator	火力支援协调员	火力支援协调员是战区、军、师、旅战斗队的野战炮兵高级指挥官、机动部队指挥官的首席顾问，负责在执行指定任务时为野战炮兵和火力支援制订计划，并对其进行协调和整合
fire support coordination measure	火力支援协调措施	火力支援协调措施是指挥官采用的一种措施，有助于目标实施快速打击，同时为己方部队提供安全保障
fire support officer	火力支援官	火力支援官指从战役至战术级别的野战炮兵军官，负责就火力职能和火力支援问题向被支援部队指挥官提出建议，或者为该部队的高级火力军官提供协助
fire support planning	火力支援计划工作	火力支援计划工作是一系列连续的过程，包括对火力的分析、分配、整合、同步及时间安排，阐述火力效果如何支援机动部队行动

续表

英文	中文	释义
fires warfighting function	火力作战职能	火力作战职能是在军事行动的所有领域内，采取行动抵制威胁，达成并集中作战效果的相关任务和系统
force field artillery headquarters	部队野战炮兵指挥部	部队野战炮兵指挥部是被支援部队指挥官指定的营级或更高级的单位，并规定其运行的持续时间、岗位和职责
general support	全般支援	全般支援是提供给被支援部队整体的支援，而不是针对任何特定的下级部队
general support-reinforcing	全般支援-加强	全般支援-加强是指派给某部队的一种支援关系，以支援整个部队，并加强另一个相似类型的部队
information operations	信息作战	信息作战是在军事行动期间，综合运用信息相关能力、与其他作战行动配合，从而影响、干扰、瓦解和摧毁作战对手和潜在对手的决策制定过程，并保护己方部队不受干扰
joint fire support	联合火力支援	联合火力支援协助空中、陆地、海上、太空、网络空间和特种作战部队进行运动、机动和控制领土、人口、领空及关键水域的联合火力
joint fires element	联合火力要素	联合火力要素是可供选择的参谋部门，为作战部门完成火力计划和实现同步化提供相关建议
joint operations	联合作战	联合作战是由联合部队及相互之间有特定指挥关系的军种部队实施的军事行动，这些军种部队本身并不组建联合部队
land domain	陆上领域	陆上领域是终止于地球表面高水位线且与沿海地区向陆部分的海洋领域相重叠的地球表面区域
large-scale combat operations	大规模作战行动	大规模作战行动指投入大量兵力和范围广泛的联合作战行动，被视为战役行动，目的是实现战役和战略目标
main command post	基本指挥所	基本指挥所是容纳了大多数参谋人员的军事设施，旨在指挥当前作战、进行详细分析和制订后续作战计划
maritime domain	海上领域/领海	领海是大洋、大海、海湾、江口、岛屿、海岸区域及其上属空域，包括沿海地区
measure of effectiveness	效能指标	效能指标是在比较多次观察效果的基础上，形成的用以评估现有系统状态、能力或作战环境变化的标准，且根据评估可达到最终状态、达成目标或产生某种效果
measure of performance	性能指标	性能指标是用以评估己方部队行动的标准，可据此衡量任务完成情况

续表

英文	中文	释义
military decision-making process	军事决策过程	军事决策过程是一种迭代的计划工作方法，用于了解形势和任务，制订行动方案，形成作战计划或命令
mission orders	任务命令	任务命令指向下级部队下达的指令，强调要达到的效果，而不规定该如何完成任务达成效果
multi-domain fires	多域火力	多域火力是将两个以上领域针对目标的火力打击效果相集中而产生的火力
multinational operations	多国行动	多国行动是一个统称，用于描述两个或两个以上国家的军队实施的军事行动，通常在同盟或联盟框架内进行
named area of interest	具名关心地域	具名关心地域是能够收集信息且满足某特定信息需求的地理空间区域或系统节点或链路，常用于捕获敌方行动方案迹象
navigation warfare	导航战	导航战是预有准备的防御性和进攻性行动，通过天、网、电作战行动的有效协调，确保和掩护定位、导航和授时等信息
negation	压制	在太空作战中，压制指欺骗、干扰、削弱、拒止或摧毁敌方太空系统
offensive operation	进攻作战	进攻作战是指击败和摧毁敌军，夺占地形、资源和人口中心的作战行动
offensive space control	进攻性太空管制	进攻性太空管制是进行太空压制的进攻性行动
operational control	作战控制	作战控制是对下级部队行使的指挥权，包括为完成任务而对所属司令部和部队进行编组和使用、分配任务、指定目标以及给予必要的权威指导
operational environment	作战环境	作战环境是个综合性说法，包括影响能力运用和指挥官决策的各种条件、环境和影响力
operations process	作战过程	作战过程是作战行动期间实施的主要指挥与控制活动；包括作战计划、准备、实施和对作战行动持续进行的评估行为
organic	建制内的	建制内的指隶属于某个军事单位并成为该单位的重要组成部分。对陆军、空军和海军陆战队而言，一个单位的建制部分是指列入编制表的部分；对海军而言，一个单位的建制部分指列入作战部队的部分
planning	计划工作	计划工作是一种艺术和科学，包括对情况的了解、对预期未来的设想、对实现未来意图有效方法的构思
preparation	准备	准备是部队和官兵所开展的各项活动，目的是以更好的能力来展开作战行动

续表

英文	中文	释义
principle	原则	原则是全面的基本规则，或者是具有核心重要性的假设，可以指导组织机构处理和筹谋作战的实施
reinforcing	加强	加强是一种支援关系，要求一支部队支援另一支支援部队
running estimate	不间断判断	不间断判断指对当前情况的持续评估，用于确定当前作战是否按照指挥官的意图进行，以及是否支持计划好的后续作战
spacedomain	太空领域	太空领域包括太空环境、太空资产以及需要通过太空环境进行作战的地球资源
strike	打击	打击指毁坏或摧毁目标或能力的一种攻击
suppression of enemy air defenses	对敌防空压制	对敌防空压制是指通过破坏性或摧毁性手段压制、摧毁或暂时削弱敌人地面防空的活动
sustainment	维持保障	维持保障是指后勤供应、财务管理、人事保障和卫勤保障等保障活动，以维持作战，直至任务胜利完成
tactical command post	战术指挥所	战术指挥所是涉及部队指挥部定制部分的军事设施，目的是在有限时间内控制部分作战行动
tactical control	战术控制	战术控制是一种部队指挥权，只限于在作战区域内对完成指定任务所必需的运动或机动进行具体指导与控制
target acquisition	目标捕获（目标侦察）	目标捕获/侦察是指对目标进行足够详细的探测、识别和定位，以便有效使用武器进行打击
target area of interest	目标关心地域	目标关心地域指己方可以获取和打击高价值目标的地理区域
targeting	目标工作	目标工作是一项流程，根据作战需求和能力对目标进行选择、区分优先次序，并匹配合适的反应火力
unified land operations	统一地面行动	统一地面行动是统一行动的组成部分，包含在全域范围内展开的进攻、防御、稳定行动和民事当局的防务支援等行动，旨在塑造战场环境、防止冲突、打赢大规模地面作战和扩张战果
weapons locating radar	炮位雷达	炮位雷达是一种连续捕获目标的反炮兵系统，用于探测飞行中的炮弹、传输起点和弹着点的位置

参考文献

[1] FEICKERT A. The army's multi-domain task force [R]. Washington D. C. : The Rentagon, 2021.

[2] Headquarters, Department of the Army. The field artillery brigade (ATP 3-09.24) [R]. Washington D. C. : The Rentagon, 2022.

[3] Headquarters, Department of the Army. Division artillery operations and fires support for the division (ATP 3-09.90) [R]. Washington D. C. : The Rentagon, 2017.

[4] Headquarters, Department of the Army. Army targeting (FM 3-60) [R]. Washington D. C. : The Rentagon, 2023.

[5] MAJ K M SHOUSE. The VII Corps Artillery in Multi-Domain Operations [R]. Leavenworth: Leavenworth School of Advanced Military Studies, US Army Command and General Staff College Fort Leavenworth, 2019.

[6] JUDSON J. US army aims to complete multi-domain task force structure by FY 2028 [EB/OL]. (2024-04-18) [2024-10-15]. https://www.defensenews.com/land/2024/04/18/us-army-aims-to-complete-multidomain-task-force-structure-by-fy28/.